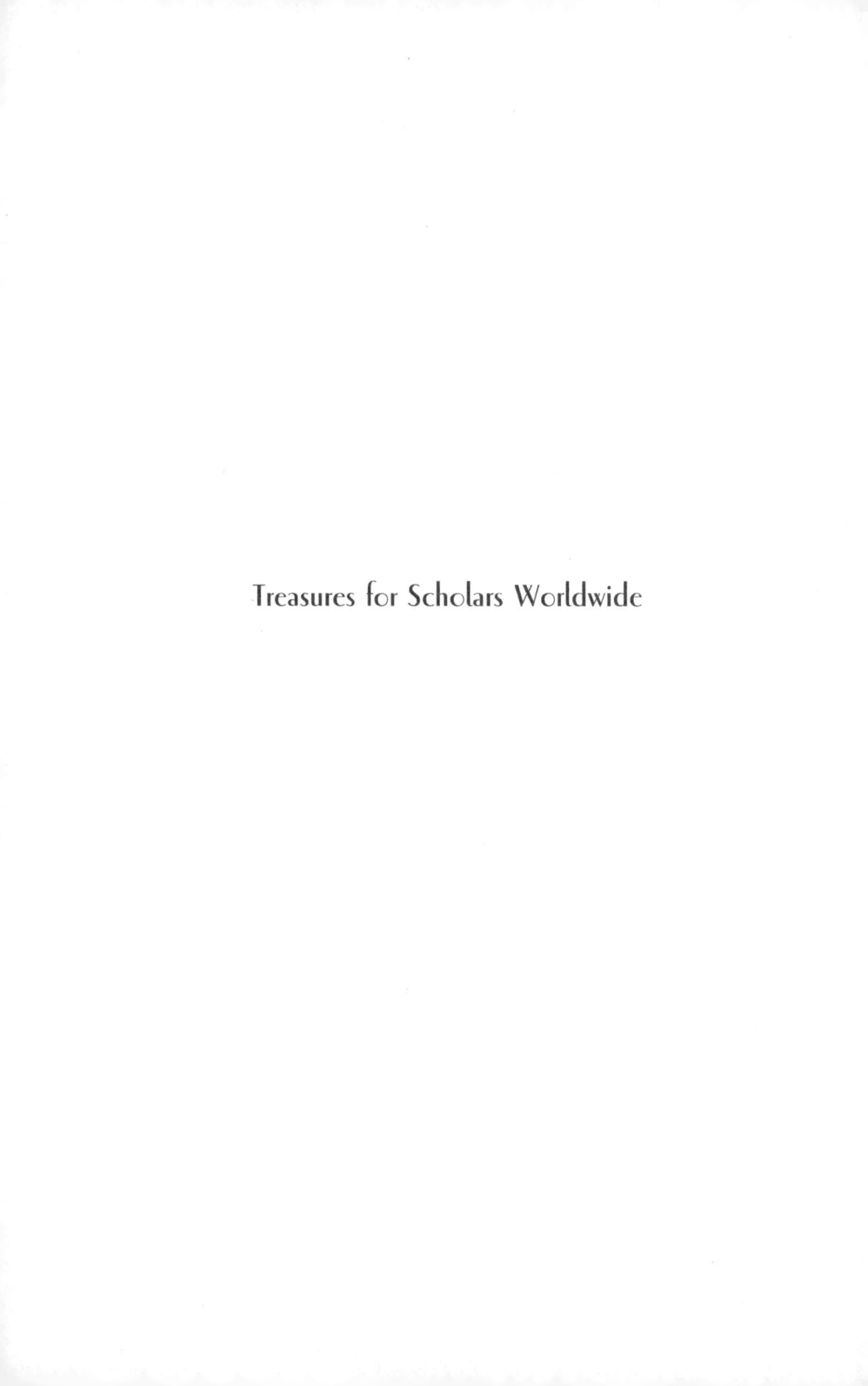

Treasures for Scholars Worldwide

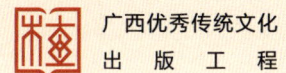

石刻里的广西

—— 历史名人卷

宋永忠 薛 辉 于少波 著

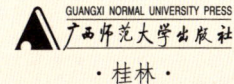

·桂林·

石刻里的广西 历史名人卷
SHIKE LI DE GUANGXI LISHI MINGREN JUAN

图书在版编目（CIP）数据

石刻里的广西. 历史名人卷 / 宋永忠，薛辉，于少波著. 桂林：广西师范大学出版社，2024.12. -- ISBN 978-7-5598-7736-9

Ⅰ. G127.67-49

中国国家版本馆 CIP 数据核字第 2024QW6532 号

广西师范大学出版社出版发行

（广西桂林市五里店路9号　邮政编码：541004）

　网址：http://www.bbtpress.com

出版人：黄轩庄

全国新华书店经销

广西广大印务有限责任公司印刷

（桂林市临桂区秧塘工业园西城大道北侧广西师范大学出版社

　集团有限公司创意产业园内　邮政编码：541199）

开本：880 mm × 1 230 mm　1/32

印张：5.875　　字数：122 千

2024 年 12 月第 1 版　　2024 年 12 月第 1 次印刷

定价：36.00 元

如发现印装质量问题，影响阅读，请与出版社发行部门联系调换。

总 序

◆

广西地处中国南部，区位优越，东邻广东、西通云贵、南接越南，在中国与东南亚的政治、经济、文化交往中一直占有重要地位。广西这片土地不仅山川秀美、历史悠久，更因多民族的交往交流交融，绘就了璀璨的文化图景。

石刻作为一种独特的文化载体，承载着广西千百年来的历史记忆、文化传承与艺术精髓。广西石灰岩资源丰富，分布广泛，石质坚硬，便于雕镌。在尚未有文字记载的时代，广西先民就已学会在崇左花山等山岩崖壁上描绘日常生活场景，表达思想感情与艺术想象。广西现存最早的石刻，应是南朝刘宋时期的石质买地券，但刻碑风尚至少可上溯至东汉时期，东汉末建安二十一年（216）曾任零陵郡观阳长（观阳即今桂林市灌阳县）的熊君墓碑，虽立于今湖南永州市道县境内，但说明当时刻碑风气已在零陵郡一带广泛流行。

石刻在广西地区的广泛分布，不仅展现了中华文明在边疆地区扩散传播的轨迹，也是多民族交往交流交融的重要见证，为铸牢中华民族共同体意识发挥了不可替代的作用。广西历史石刻分布地域广泛、数量繁多,堪称通代文献渊海。自唐宋以来,广西刻石之风气经久不衰,至今留存了极为丰富的石刻文献,广西也因此成为中国石刻较为集中、特点鲜明的地区,素有"唐碑看西安,宋刻看桂林"的说法。广西石刻文献内容价值主要有珍稀性、系统性与普适性三个特点,石刻类型至少包括摩崖、碑碣、墓志、塔铭、买地券、画像题字、造像记、器物附刻等,石刻文体至少包括碑、墓志、颂、赞、铭、纪游、诗、词、文、赋等。晚清金石学家叶昌炽曾赞叹"唐宋士大夫度岭南来,题名赋诗,摩崖殆遍",其中最有代表性的石刻,如桂林龙隐岩的《元祐党籍碑》、柳州柳侯祠内的《荔子碑》,以及桂林王城独秀峰读书岩上的王正功《鹿鸣宴劝驾诗》等。

近些年来,广西壮族自治区党委宣传部启动广西优秀传统文化出版工程。委托广西师范大学出版社策划并组织专家撰写这套《石刻里的广西》丛书,是目前国内为数不多的广西石刻丛书。本套丛书选题特色鲜明,通过挖掘广西丰富的石刻文献资源,讲好石刻里的广西历史故事,积极推动广西地区中华优秀传统文化的创造性转化、创新性发展。

本套《石刻里的广西》丛书共有十卷,包括《石刻通论卷》《历史名人卷》《山水人文卷》《民族融合卷》《文化教育卷》《水陆交通卷》《经济商贸卷》《科学技术卷》《摩崖造像卷》《书法艺术卷》。每一卷选取一些具有代表性的广西石刻,采取雅俗共赏、图文并茂的方式,用通俗的语言介绍石刻基本情况、解读石刻内容,讲述石刻背后的历史人物故事,揭示石刻背后的政治经济关系、山水景观塑造与文化交流网络等。

同时，我们也希望通过这套《石刻里的广西》丛书，引导更多人关注与保护广西石刻，让广西这些珍贵的文化遗产得以永续传承，并实现转化利用。

是为序。

江田祥

前　言

◆

在广西的山水褶皱间，时间以两种方式存在：一是奔涌的江河，二是凝固的石刻。前者冲刷出喀斯特地貌的奇崛，后者则铭刻着八桂文明的筋骨。当竹简绢帛朽于岁月，青铜彝器沉埋地底，唯有山崖间的斧凿之痕、碑碣上的墨韵刀锋，以最倔强的姿态留存着历史的体温。这些沉默的石头，是时间的密码，是人与山河对话的永恒信笺。石刻作为传统时代纪事、述事的重要载体，是我们今天追忆往事、探寻历史的一个重要窗口。

本书名为《石刻里的广西·历史名人卷》，石刻中的"他们"，有护边英雄，也有硕学鸿儒；有治国名臣，也有廉明循吏；有帝王将相，也有开国元勋，甚至有布衣百姓……石刻中既有时人记述其事迹的铭文，也有当事人直抒胸臆的题刻；既有后世追思颂扬的碑记，又有跨越时空的文明对话和文化的传承。当我们注目这些饱经风霜却温润了时光的石刻时，历史长河中演绎的波澜壮阔、跌宕起伏的画面，总会让我们心潮澎湃、思绪万千。

石刻中的"他们"，有的是挽家国于危难的将军和英雄，奋勇杀敌、战功显赫。如汉代的伏波将军马援，率兵南征平定交趾二征叛乱，民间感念其功德，奉祀于伏波庙；跨越千年之后，清光绪皇帝为其御书"铜柱勋留"匾额。晚清的冯子材，虽已退职且年逾古稀，但"老骥伏枥，志在千里"，在中越边境告急之际，仍自告奋勇、身先士卒，取得了镇南关大捷等战绩。苏元春，依托山形地貌，修筑"大连城"，于桂越边境实现了"边宇乂安，强邻帖服，生灵亿万，烽火无惊"的安定局面。李应章，廉勇兼备、屡立战功，被巡抚誉为"桂边第一将"，死后连受巡抚、总督、朝廷三级优恤。"苟利国家生死以，岂因祸福避趋之"（林则徐），护卫国土安全的英雄层出不穷。他们在八桂大地上守护国门，抛头颅、洒热血，书写着铮铮铁骨和不老的青春。

石刻中的"他们"，有的是被委派宰守斯土的地方官，勤廉爱民、政声卓著。如三国时期少时"怀橘遗母"的陆绩，任郁林郡太守，勤政清廉，不惧炎热、疫疠，带领百姓修水利、挖水井，任职期满卸任后归途囊空，恐船轻难平水上风浪，遂取石压舱返回故里，后世在此石上刻以"廉石"二字，使陆绩清正廉洁之名流芳百世。唐代柳州刺史柳宗元，为政施民以德、造福百姓，被柳州官民奉祀于罗池庙中，享祚永年。被明万历皇帝始终尊称为"先生"的"硕辅元老"桂林人吕调阳为三朝重臣，尽管朝中奸臣当道、权臣倾轧，他却始终游刃有余。秦焕从桂林知府到广西按察使，始终坚持"民之所忧，我必念之；民之所盼，我必行之"的执政理念，广西百姓特为其立刻有"民不能忘"的德政碑。于成龙，历任罗城知县、黄州府同知，官至两江总督，一生正直洁清、政声卓著，曾三评"卓异"，康熙帝誉其为"天下廉吏第一"。

石刻中的"他们"，有的是文武双全之才，推动着中央与地方、汉族与少数民族之间的互动与交融。北宋余靖执政广西，在经济、民生、军事等方面颇有建树，宋仁宗为他御笔亲题："风采第一，广南定乱，经略无双。"明代名将俞大猷，抗倭护国屡立奇功，边陲平乱、安边治理亦能刚柔并济，兴学校、敷教化，以期长治久安。卫国公李靖经略岭南各地时恩威并济，既以军事震慑安定边疆，又推行文化教育，传播忠孝仁义、国家观念等儒家思想，用文化认同凝聚各民族力量。元代杨子春所撰《碑阴记》中所记捐资者有许多非汉族姓氏，其中有些属蒙古族、回族或其他民族姓氏，为我们提供了各民族交往交流交融的历史见证。

石刻中的"他们"，有的其实并未在广西任职，有的甚至没有来过广西，但他们在广西留下的文化足迹弥足珍贵。宋太宗亲自颁发了"御书碑"120轴藏于融水老君洞内，并敕封老君洞为"真仙岩"，其赐书《精忠》《西江》《颐堂》在宋真宗时期被刻在洞中真仙岩崖壁上。同刻在该崖壁上的，还有司马光书《家人卦》，其以"治家之道"为核心，表达了以家训化民成俗的社会理想，倡导家庭责任、伦理秩序与修身理念，为构建和谐家庭与清廉乡风提供了重要的文化资源。还有在柳州罗池庙中，有一方碑刻见证了跨越三百年的时空对话，它就是《荔子碑》。此碑将柳宗元之事、韩愈文章、苏轼书法熔铸一炉，成就了中国碑刻史上罕见的"三绝"文化奇观。另有《陆游诗札》，是陆游送给即将赴任广西平乐的好友杜思恭的七首诗歌，它们被刻在象鼻山水月洞中，字体为行草，笔势如游龙，飘逸而又雄劲，错落有致的诗行和书法合二为一，实为宋代文人艺术的典型特征。

石刻中的"他们",除了是主政一方的地方官,还有文人雅士的身份。他们日常生活的游历和吟咏,给如诗如画的壮美广西注入了深厚的人文底蕴。《米芾程节赠答诗》是米芾晚年创作的一首五言古风,后与程节的和诗合刻于桂林龙隐岩石壁,成为宋代文人酬唱传统的重要见证。此碑由龙隐洞住持仲堪主持刻制,见证了佛教文化、地方行政与文人雅集的交错与融合。独秀峰下黄庭坚行书《五君咏》,更是跨越七百年时空的"神交"之作。独秀峰下,还刻有宋代王正功在鹿鸣宴上写的一首"劝驾诗",本为科举三年大比、荐举人才、蟾宫折桂之隐喻,不料却无心插柳柳成荫,成就了"桂林山水甲天下"的千古佳话,我想这应是王正功本人始料未及的。而李渤《留别南溪》诗石刻,流露出他在离别桂林之际,对桂林山水的不舍、眷念与期待北归的复杂心境。

石刻中的"他们",留下了许多的故事。其中,有讲述国家安危的宏大叙事,也有呈现政治权力斗争下流放文官们潇洒与从容的篇章;有展现国家与地方之间纠葛与互动的情节,也有叙述地方廉吏与百姓们双向认同的片段;有描绘文人雅士们吟咏诗词的韵事,也有讲述各民族一起共创共荣的事迹。我始终在思考石刻作为历史载体的特殊性,它们不像典籍可以藏之名山,而是以最坦诚的姿态立于天地之间,接受时光的淬炼。那些被反复摩挲的碑面、风雨剥蚀的题刻,乃至后人修补的凿痕,都构成了动态的历史现场。

石刻中有说不完的故事,石刻中有道不完的情愫。编纂《石刻里的广西·历史名人卷》,就是习近平总书记所说"让文物说话,让历史说话,让文化说话"的重要实践。让我们一起走进石刻,去聆听历史故事、感受历史脉动、品味历史回声。

附记:

当最后一幅拓片的注释完成时,正值南国"万箨春雷出鞘,千花宿雨含娇"的时节。搁笔之际,那些曾与我们对话千年的石刻文字,依然在纸页间流动着无声的波澜。近两载的伏案梳理,既是对八桂大地历史肌理的触摸,亦是一场与时空裂隙的漫长角力。我们常惊异于历史记忆、存续方式的独特性,那些镌刻在摩崖、碑碣、墓志上的文字,有的已被青苔覆盖,有的被风雨蚀去棱角,却始终以倔强的姿态抵抗着遗忘。而当我们看到石刻中"以垂不朽"或"以垂永久"的镌文时,仿佛实现了与先民们期待已久的跨越时空的对话。

随着《石刻里的广西·历史名人卷》即将付梓,不禁回看了两年前的聊天记录,感慨良多。2023年3月30日接到老朋友、广西师范大学江田祥教授的来信,邀约参与《石刻里的广西》丛书编纂工作,希望由我自选一册担任主编。说实话,由于平日里琐事缠身,而该丛书的工作时间紧、任务重,加之案头的石刻资料阙如,唯恐无暇顾及,耽误丛书出版,所以犹豫再三没敢答应。后来,在江教授的鼓励之下,终于在7月算是正式应下了这份差事,并开始组建编写团队。首先邀请到广西社科院民族研究所的青年才俊薛辉博士,再后来又邀请到一位文博系统的才子、玉林师范学院于少波研究馆员(原玉林市王力博物馆馆长)加盟。

《石刻里的广西·历史名人卷》一书总共遴选了38方石刻,

内容包含纪事、墓志、诗札、题名、题词、纪念碑、德政碑等，主要涉及了宋太宗、司马迁、马援、陆绩、李靖、柳宗元、苏轼、黄庭坚、米芾等30多位历史名人。其中，从汉代至元朝的24个篇目由薛辉撰写，清朝的8个篇目由于少波完成，本人负责明朝及晚清民国3个篇目，以及前言和全书统稿、石刻收集等工作。事实上，编纂工作自启动之后，由于各种因素的影响，一直时断时续，进展缓慢，几经周折，书稿终于如白居易笔下的琵琶女一样"千呼万唤始出来"。掩卷之余，满怀感恩：感恩两位团队成员的精诚合作、不辞辛劳、笔耕夜读；感谢江田祥教授给予的千载良机，使我得以荣幸参与《石刻里的广西》丛书的编纂；感谢广西师范大学出版社文献分社社长鲁朝阳的信任、包容，及肖承清等出版社同仁的无私帮助；感谢整理出版石刻辑录的前辈们，为本书的编纂提供了重要的资料和线索；感谢调研过程中得到了广西壮族自治区博物馆蓝武芳研究馆员、张驰馆员和广西方志办的黎敏兰主任等好朋友的热心帮助。

书以"石上春秋"为经纬，梳理秦汉至民国两千年间，镌刻于广西山川的人物印记。从伏波将军南征的"铜柱勋留"，到柳宗元治柳的《罗池庙碑》；从陆绩归途千里运廉石，到孙中山北伐凭吊开国元勋；从柳州柳、韩、苏的"三绝合璧"，到翼王石达开兵败前的唱和诗；从流官士子的题诗赠答，到"民不能忘"的德政叙事——这些深浅不一的凿痕，共同构筑起一部立体的边疆人文志。不同于传统史籍的庙堂叙事，石刻中的历史往往带着泥土的潮湿、烽烟的焦灼，甚至是刻工醉酒后的率性刀误，却也因此更贴近大地的真实脉搏。而我们的书写，不过是接过那柄穿越千年的凿子，在时光的岩壁上，刻下新的追问。

限于学力，书中难免疏漏。同时，由于篇幅所限，还有许多石刻未能遍选辑录。唯愿此书能成为引玉之砖，唤起更多人对广西历史文化的关注。当现代城市的霓虹与古老石刻的月光交相辉映时，我们方能在流动的时光中，寻得安身立命的坐标。

谨以此书，献给所有在八桂大地上留下生命刻痕的先民，你们的呼吸，依然温热着这片多情的土地。

宋永忠写于玉林师范学院趣舍斋

目　录

铜柱勋留 ... 1
　　——《马丕瑶三大请御书马援王守仁祠庙书院扁额文》

片石压舱　青史流芳 ... 6
　　——陆绩与"廉石"

粤碑之冠 ... 11
　　——钦州出土、藏于广东的《宁赞碑》

唐代中央与广西互动的见证 ... 15
　　——韩云卿《平蛮颂并序》

边事之事　慰人之思 ... 20
　　——孔延之《瘗宜贼首级记》

隐逸者的精神镜像与桂林山水的融合 ... 24
　　——李渤与《留别南溪诗序》

唐代地方官员及其家族的历史见证 ... 30
　　——《唐故循州剌史李谦夫妇墓志》

文魄与道魂的千年神交 ... 34
　　——见证韩愈与柳宗元友谊的《柳州罗池庙碑》

"粤西石刻,以此为最佳"　　　　　　　　　　40
　　——韩云卿《舜庙碑》

石上春秋的历史镜像　　　　　　　　　　　45
　　——唐《安玄朗墓志》

走进神话的唐代名将　　　　　　　　　　　50
　　——《加封李靖碑》

困境与期待　　　　　　　　　　　　　　　55
　　——宋太宗与《精忠》《西江》《颐堂》刻石

元祐党人的政治浮沉录　　　　　　　　　　61
　　——蔡京与桂林《元祐党籍碑》

家国同构的摩崖见证　　　　　　　　　　　67
　　——司马光书《家人卦》

宋代文人的山水情怀与文化担当　　　　　　72
　　——《周去非等龙隐洞题名》

跨越时空的精神共振　　　　　　　　　　　76
　　——苏轼《荔子碑》

北宋文人的交游与精神世界　　　　　　　　81
　　——米芾《米芾程节赠答诗》碑

一段跨越时空的文化邂逅　　　　　　　　　85
　　——黄庭坚行书《五君咏》

大诗人陆游的广西印记 89
　　——桂林象山杜思恭刻《陆游诗札》

宋代名将狄青在广西 96
　　——狄青《平蛮三将题名》

宋代也有"张九龄" 100
　　——桂林铁封山《余靖大宋平蛮碑》《余靖贾师熊等八人题名碑》

"桂林山水甲天下" 104
　　——《王正功诗碑》

元顺帝在桂林与元朝国家治理 108
　　——李震孙《广西道平蛮记》

桂林古城墙的无言诉说 114
　　——杨子春《碑阴记》

抗倭名将俞大猷，广西安边旦赋诗 118
　　——《古田纪事碑》《平古田诗》

"硕辅元老"吕调阳 123
　　——《吕调阳墓志铭》

"天下廉吏第一"在广西 128
　　——罗城《于公旧治》摩崖

威灵感应　护国庇民 132
　　——《班夫人略历碑》《班夫人古墓碑》

抗法名将苏元春与大连城 　　137
——凭祥白玉洞《一大垒城》《苏公奉旨援越抗法督边记》石刻

"勇毅宫保"冯子材 　　142
——《上谕优恤冯子材原文刻》

抗法英雄、桂边第一将李应章 　　146
——凭祥友谊关《南陲保障》石刻

太平天国翼王石达开的诗 　　149
——《石达开等白龙洞唱和诗》石刻

一代名儒蒋励常 　　153
——《蒋岳麓墓志铭》

民不能忘的广西按察使 　　158
——《广西阖省士民为秦焕立德政碑》

铁肩担当写春秋 　　163
——《开国元勋蒋翊武先生就义处》纪念碑

铜柱勋留
——《马丕瑶三大请御书马援王守仁祠庙书院扁额文》

清光绪十六年（1890）十一月初八日，广西巡抚马丕瑶上奏光绪帝，请求将东汉马援、明朝王守仁两人列入"广西各属已有庙祀书院"的春秋祀典。在奏折中，马丕瑶简要回顾了马援、王阳明二人在广西的功绩以及在广西受到敬仰和崇拜的现象。这份奏折题为《马援王守仁请列祀典并颁扁额折》，全文收录于《马中丞遗集》中。光绪帝阅读奏折后同意了马丕瑶的奏请，并御书"铜柱勋留"匾额一方。光绪十七年（1891）正月二十七日，马丕瑶接到光绪帝朱批和御书匾额。随后，他下令广西各地将马援、王守仁二人正式列入春秋祀典。二月，桂林府临桂县知县顾国诰将此事刊刻于石。

光绪帝御书"铜柱勋留"，既是对马援、王守仁二人功绩的赞颂，也是对马援立铜柱典故的运用。

东汉光武帝建武元年（25），刘秀称帝，定都洛阳，拉开了东汉政权的历史帷幕。建武十三年（37），东汉中央政府在岭南之地设立南海、苍梧、郁林、合浦、交趾、九真、日南七郡，由交趾刺史部负责统辖，苏定出任交趾太守。但是，苏定为政贪暴，施行严刑苛法，杀害当地部落首领诗索，激起诗索之妻征侧及其妹征贰率众起兵叛汉。此次起义得到九真、日南、合浦等郡部分当地民族部落响应，征侧甚至自称为王，活动范围南抵今越南中部，北至今广西钦州、合浦等地。起义声势浩大，迅速在岭南地区蔓延。起义军不仅攻陷交趾郡治，而且还攻略九真、日南、合浦等地60余城，造成了东汉南部边疆地区的动荡，严重威胁到东汉中央王朝对南疆的统治，还夺取了中央王朝对该地区的经济控制权。为维护国家统一，光武帝下诏备战。

建武十七年（41）冬，光武帝为平息叛乱，委任伏波将军马援为主帅，以扶乐侯刘隆为副将，督楼船将军段志等率军南击交趾。建武十八年（42）四月，马援统率精兵数万，从长沙、桂阳（今湖南郴州）、零陵（今湖南永州）等地越过五岭，经灵渠、苍梧，溯北流江而上，逾桂门关顺南流江而下，沿桂江—浔江—北流江—南流江进抵合浦。马援率水陆两军从合浦出发，沿海岸线劈山开路千余里，向交趾进发，沿途军纪严明，对百姓秋毫无犯。次年春，马援率汉军进抵交趾，首战告捷后乘胜追击，大败征侧、征贰，另一路刘隆率军也取得胜利。马援在控制交趾郡后，继续深入九真郡（今越南中部）追击二征余部，最终平定二征叛乱，并立铜柱为汉之极南界。建武二十年（44）秋，马援取道今广西凭祥返回京城。此次南征历时4年，稳定了汉朝对交趾等地的统治，为促进各民族进一步广泛交往交流交融提供了稳定的政治和社会环境。

● 清《马丕瑶三大请御书马援王守仁祠庙书院扁额文》。光绪十七年二月刻。石在广西桂林市伏波山玉皇阁。拓片长150厘米，宽75厘米。正书，马丕瑶撰，顾国诰刊石。《中国西南地区历代石刻汇编》第八册《广西省博物馆卷》著录。

马援率军南征平定交趾郡"二征"叛乱，进一步巩固汉朝对岭南地区的统治，维护了国家统一，加强了中央与岭南地区的联系，保障了边疆地区的社会稳定。马援还推行一系列恢复生产、稳定社会秩序的举措，对岭南地区的经济社会发展产生了深远影响。这些措施主要有：废除与封建王朝政策法规相抵触的地方习惯法，推行封建法治；废除原先世袭的雒将制度，健全郡县制度，此后郡下各县，一律由朝廷委派官吏治理；留卒戍边，修城筑垒，完善城市设施，建设中心城市，并将幅员过大的县划小，以便管理和统治；广修道路，改善交通，兴修水利，改善灌溉，鼓励耕种，发展农业，积极教导和传授内地先进的农业生产技术和生产经验；等等。

此外，马援在南征交趾的过程中，还对沿线的水陆交通拓展作出了重大贡献。马援率军沿海岸线经钦州、防城一带西进，渡过北仑河进入今越南境内，在沿海一带开凿山道500多千米。这条从合浦沿海通往交趾的通道古称"交趾道"，不仅大大缩短了中原地区与交趾之间的交通路线，而且开辟了一条由合浦到达浪泊的新交通线路，奠定了古代中越交通的基本格局。因此，千百年来，马援被南方各少数民族奉为神灵，尊称为"伏波大神"，在岭南地区乃至越南部分地区逐渐形成了伏波信仰圈。时至今日，两广许多地区甚至越南一些地区仍然都有伏波庙。伏波祭祀文化圈的形成，表达了人们对马援维护国家统一、稳定边疆方面的历史功绩的高度肯定，尤其是每当中华民族面临外敌入侵之时，伏波信仰更成为人们抵御外敌的精神寄托。可以说，马援已成为岭南地区各民族交往交流交融的共有精神文化符号，伏波信仰是各族人民自觉维护国家统一的精神象征。总之，马丕瑶上奏光绪帝请求将马援列入广西各地庙祀书院并颁匾额，正是基于广西地方对马援信仰的崇拜和文化认同。我们从这一行为可以理解其背后的现实意义，即一方面彰显皇帝对地方文化事业的重视和支持，借此提升庙祀书院在地方社会中的地位和影响力，从而吸引更多的士子前来求学和瞻仰；另一方面借助宣扬马援、王守仁二人的功勋以教化民众，通过传承和弘扬他们的精神激励后人，不断推动地方文化事业发展。

片石压舱　青史流芳
——陆绩与"廉石"

"孟母三迁"是耳熟能详的中华优秀传统教育故事,我国传统启蒙教材《三字经》中引用的第一个典故就是"昔孟母,择邻处。子不学,断机杼",强调了环境对个人成长和教育的重要性,还有家庭教育在个人成长中的重要作用。与"孟母三迁"有异曲同工之妙的是"廉石三迁",其最初的故事即与广西有关。

陆绩(187—219),字公纪,东汉吴郡吴县(今江苏苏州)人。年少时,陆绩在九江随人拜见袁术,临别告辞时"怀橘遗母",这一孝行成为世人传颂孝道的佳话。元代时,郭居敬将这个故事编入"二十四孝",其产生的影响更加深远。

陆绩成年后被任命为广西郁林郡太守。郁林郡地处岭南边远地区,气候炎热,疫痢流行,环境十分艰苦。陆绩到任后带领民众筑固郡城、修水利、挖水井,减少了疫情传播。他还经常跋山涉水巡视各县,体察民情,体恤百姓,主张轻徭薄赋,以德教化民众百姓,改善了当地百姓生产生活条件,使人民安居乐业,深得百姓敬仰和称道。特别是在疫病流行期间,陆绩为阻断病毒传

● 汉廉石。现藏于苏州文庙。

播,发动群众挖掘水井,这些水井后来被人们称为"陆公井"。另外,陆绩在任职郁林郡期间生有一女,取名为"郁生",由此可见他对郁林的深厚感情。此外,郁林郡地方物产丰盛,陆绩在任期间为人正直,为官清廉,生活节俭,坚持肃贪拒贿。

陆绩在任职期满卸任郁林郡太守后,准备乘坐船只从郁江经珠江走水路离开郁林返回家乡时,除了简单的行装和数箱书籍外,没有多余的东西可带,以致船舱过轻,难以抵御风浪。于是,他便让人在郁江边取了一块石头抬上船压舱,这才使船只得以顺利启航。回到家乡后,他将这块石头置于自家宅地内留作纪念。因为这块石头是从郁林郡带回来的,故命名为"郁林石"。陆绩因"压石归航"而被世人传扬廉名。

但是，有关运送"郁林石"的说法，有学者根据史料的不同记载表达了不同看法。如清嘉庆五年（1800）编修的《广西通志》"陆绩"一条，列出一种截然不同的说法，即陆绩死于郁林太守任上，廉石是其家人从郁林带回苏州的，这颠覆了以往主流观点。但陆绩当时的主要活动区域在广西，他在广西留下的历史遗存应多于家乡苏州。与此比较而言，苏州方面对陆绩的印象多限于口头传说，如明代吴宽《廉石记》记载陆绩事迹时使用了"相传"二字，似乎也可以作为一个例证。

陈寿撰《三国志》写有《陆绩传》，记载他官至郁林太守，及其孝义节行、天文历算著作等内容，高度概括了陆绩一生的主要事件，但是对他身死何处和能彰显其为官清廉的廉石事迹却只字未提。因此，目前所见有关"郁林石"的史料文献最早见于《新唐书·陆龟蒙传》。其文记载："陆氏在姑苏，其门有巨石，远祖绩尝事吴为郁林太守，罢归无装，舟轻不可越海，取石为重，人称其廉，号'郁林石'，世保其居云。"唐代佚名所写《大唐别裁》也有类似记载。此后，如北宋苏州人朱长文《吴郡图经续记》、南宋范成大《吴郡志》、明代侯甸《西樵野记》和吴宽《廉石记》、清代朱象贤《闻见偶录》等也大多沿用类似说法。

晚唐时期诗人陆龟蒙，祖籍苏州，是陆绩后裔，仍将这块"郁林石"保存在家宅内，石头上无字，却被陆氏子孙视为珍宝。时代沧桑变迁，陆氏旧宅原址先建为宝光寺，后寺庙荒废，所在地成为民宅，"郁林石"遂因年代久远且没有受到陆氏族人的关注和爱护而逐渐淡出人们的视野，被埋没于土中。明弘治九年

(1496),监察御史、河南人樊祉巡察苏州,当听说陆绩压石归航的故事并前往现场查看几近被黄土没顶的"郁林石"后,深感这块铭记陆绩两袖清风事迹的压舱巨石具有非常重要的教育意义。樊祉在观察陆绩旧居地时,发现周围环境过于僻静,于是下令将"郁林石"移置到城中察院场建亭保护,并亲自于其上镌刻"廉石"两个大字,命名为"汉郁林太守陆公廉石",从而使这块"郁林石"能够发挥更加广泛的教化作用,蕴含着"清官"和"廉吏"内涵的"廉石"由此展现在世人面前。这既是"廉石"二字首次问世,也是它的第一次搬迁。此后,世人对"廉石"的关注开始增多并多次给予赞颂。

明清鼎革后,清代对明朝的机构设置和制度既有沿袭也有革新。廉石所在场所因"日久亭隳,石埋瓦砾","院亦废弃"。于是,时任苏州知府的陈鹏年于康熙四十八年(1709)在修建苏州府学后将廉石搬迁至其中,同时补建况公祠,并命李果撰写《移郁林石记》记述相关事宜。此文不仅简要说明了廉石的来历,而且还介绍了陈鹏年搬迁廉石的用意。这是廉石的第二次搬迁。陈鹏年希望此举能让苏州府学学生以陆绩和况钟为榜样,在日后科举及第、获取功名、踏上仕途后能够勤廉爱民。廉石在清代的影响依然广泛。如孙星衍仰慕陆绩的廉洁,将自己居住之处命名为"廉石居",著作文集也冠以"廉石"之名,如《廉石居藏书记》。

苏州府学历经时代变迁,部分区域成为苏州中学,廉石即在其中。周恩来总理在听闻廉石的故事后曾指示当地政府相关部门要做好廉石的保护工作,"对这块石头,要妥善保存,并发挥作用"。1988年，苏州市人民政府将廉石从苏州中学搬迁至苏州孔庙，即现今文庙明伦堂前。这是廉石的第三次搬迁。

无论廉石是陆绩在任期届满后亲自从广西郁林郡载回，还是被陆绩家人在其死后载回故乡苏州，廉石承载的为官清廉的美德一直影响后世，直至今日。清代玉林地方大族"江岸苏"族人苏宗经所写《景陆堂怀古》一诗代表了廉石对玉林地方人群的影响。在今广西贵港市城区的郁江南岸有一条主干道名为"廉石路"，则是今人对陆绩的怀念和纪念的体现。

廉石精神的廉政教育影响不仅体现在广西玉林、贵港等地，也展现在苏州，成为廉政教育文化的象征。"廉石"早已成为苏州廉政品牌，如苏州市纪委监察局网站名为"廉石网"，官方微博名为"廉石声音"，这些名称时刻提醒着当代公务人员以先贤为榜样，执政为民、清廉为先。此外，每年均有不计其数的游客前往苏州文庙瞻仰廉石。

总之，廉石已由最初的广西"郁林石"，承载着人们对官员清正廉洁美德的向往，逐渐成为当今具有深厚历史文化底蕴的古迹。它既是中华优秀传统文化中不可或缺的重要组成部分，也是人们了解历史、接受廉洁教育的重要载体，对弘扬社会主义核心价值观具有重要意义。

粤碑之冠
——钦州出土、藏于广东的《宁赞碑》

清道光六年（1826）秋，钦州农民在石狗坪（今钦州市钦南区久隆镇新明村石狗坪）耕田时发现《宁赞碑》埋于土中，于是将其挖出。但是在出土后却发现，碑身下端缺损一角，损毁了十余字，其余部分完好。《宁赞碑》出土后最初被弃在路边，后来被高廉道许乃济于道光十二年（1832）在广东钦州（清代时，钦州属广东）七星坪发现并运回钦州城，安置在州学尊经阁第二层楼上，并由钦州知州郑荣作隶书题跋一行，刻于碑阳末行之左。清宣统元年（1909），又有农民在石狗坪犁田时寻获一块石碑的一角，角上有"习""泉""城""将""徙"五字，经比对碑身和字体及内容，这一损角正是先前发现的《宁赞碑》的缺损部分。1939年5月，日寇多次轰炸钦州县城，为避免不测，县人符宗玉函请县长王公宪，转知王小宗，派蔡霞亭将此碑移于沙坡村荒土埋藏以保无虞。1939年11月，钦州沦陷，学宫、尊经阁、儒学署被日军严重破坏，但《宁赞碑》得以幸存。1943年，蔡霞亭带人前往沙坡挖取，数日不获，《宁赞碑》由此失踪长达十余年。1956年，钦县人民为了寻找《宁赞碑》召开县知名人士座谈会，符宗玉在会上提供线索，才使《宁赞碑》于沙坡村秦珠浦菜园内被挖出而重见天日。从时间上看，《宁赞碑》立于隋大业五年（609），是广西目前所见唯一的隋朝石刻，"粤东金石，此为第一"。它又因"从前金石家所未见"而被金石学者誉为"粤碑之冠"。因此，《宁赞碑》在被重新挖掘出土后，经广东省人民政府（当时钦州仍属广东管辖）同意，移调到广东省博物馆保藏至今。

《宁赞碑》碑首有穿，保留了汉代碑刻的遗制。碑额分为4行，共有12个字，全称《宁越郡钦江县正议大夫之碑》，是隋朝正议大夫宁赞的墓碑，碑高122厘米，宽83厘米，碑文30行，每行39个字。《宁赞碑》文辞继承六朝骈文传统，书法开唐人楷法的先河，结体紧密，笔势峻健，古雅沉着，有北朝书风。从内容看，《宁赞碑》主要叙述了宁氏的家族源流，宁赞的名字、籍贯、生卒年月及其官职，在最后部分给予宁赞颂词。我们从中可以得知宁赞的相关情况如下：

宁赞（573—608），字翔威，隋冀州临淄人氏，因祖先南迁至岭南而成为岭南人。宁赞生于南北朝时期陈朝宣帝太建五年（573），卒于隋大业四年（608），死后葬于今广西钦州市钦南区久隆镇新明村委会石狗坪。隋开皇十四年（594），宁赞朝见隋文帝杨坚，获授大都督戎秩。其后累有升迁。大业二年（606），因与兄长宁长真一起参加征伐南蛮林邑（在今越南）的战事获胜，被授开府仪同三司，同年改为正议大夫。大业四年正月宁赞去世，享年35岁。大业五年（609）四月，后人为其下葬并立碑。另外，

● 隋《宁贙碑》

《隋书·何稠传》记载了宁赞的父亲宁猛力、兄长宁长真入隋为官的有关事迹，与《宁赞碑》有关内容可以相互印证。

《宁赞碑》不仅高度概括了宁赞的一生，评价了他的主要功绩，而且还对宁氏家族的历史活动有所述及。它的出土不仅为流传后世的相关史籍提供了可靠佐证，而且为研究宁氏家族史和隋朝时期岭南地区的相关历史提供了宝贵资料，具有重要的史料价值，我们从中可以看到包括宁赞在内的宁氏家族对岭南地区各民族交往交流交融作出的重要贡献。

宁氏家族在南朝梁武帝至唐中宗神龙年间是岭南地区声威显赫的少数民族重要力量，在南朝陈灭隋兴、隋灭唐兴的重大事件中对国家统一大业作出了积极贡献。特别是《宁赞碑》记载宁赞的祖父宁逵、父亲宁猛力、兄长宁长真的相关事迹表明，宁氏家族作为岭南乌武僚（壮族先民）中具有重要影响力的地方大族，是中原与岭南地区的桥梁，在政治上和军事上有着直接影响。他们在农业、手工业和商业方面也采取了一定措施，促进了文化交流与融合，传播了中原的儒家文化、制陶术、造船术等，推动了岭南地区经济社会发展，为维护国家统一和稳定，开发边疆民族地区作出了重要贡献。宁赞父亲宁猛力在世时政绩显著，人民安居乐业，以致死后被当地人民尊为神明。宁赞本人在隋朝担任重要官职，如大都督、正议大夫等，特别是与兄长以及族人率数千俚僚兵跟随隋军南征林邑（在今越南），显示了其军事实力颇受当时中央王朝重视，他为维护国家南部边疆稳定发挥了重要作用。

唐代中央与广西互动的见证
——韩云卿《平蛮颂并序》

韩云卿是韩愈的叔父,作为散文家,他不仅对韩愈从事古文创作多有影响,而且擅长作碑铭,并与书法家李阳冰交好,《平蛮颂并序》是其著名代表作之一。

《平蛮颂并序》由韩云卿撰,李阳冰篆额"平蛮颂",是桂林市目前所见最早记载唐代中期广西左右江流域历史事件的摩崖石刻。石刻在今桂林市镇南峰(又名"铁封山"),历经近1300年的沧桑洗礼,部分内容已残缺模糊,有研究者指出"碑文358字,漫漶36字",所幸全文被后人收录于多种文献中。据《中国西南地区历代石刻汇编》第九册《广西桂林卷》收录的拓片注明:"高250厘米,宽200厘米,正文隶书,字径7厘米;额篆书,字径25厘米。"尽管不同文献对这块石刻全文的记录在个别字词上略有出入,但大致内容基本一致,主要记载了唐大历十一年(776)桂州观察使李昌巙奉命镇压今广西左右江流域潘长安起义的历史过程。次年,唐代宗下令刊石纪功。碑文虽以"歌颂勋烈"为目的,但也对起义经过和结果有所述及,是研究广西左右江流域古代史

● 唐《平蛮颂并序》

的重要文献。特别是这一历史事件在《新唐书》《旧唐书》两种正史中均无记载，更加凸显《平蛮颂并序》的弥足珍贵和重要的历史文献价值，它为我们了解和研究相关历史提供了宝贵的第一手资料。

《平蛮颂并序》以"惟大历十一年，桂林象郡之外，有西原贼率潘长安"开篇。西原是唐代对今广西左右江流域的统称。《新唐书·南蛮传》对西原蛮的地理位置和主要首领宁氏、黄氏家族有所记载。宁氏历经多代相继发展，成为当地豪族。黄氏先是附属于宁氏，后逐渐发展壮大。唐天宝初年，黄氏势力强大，为害一方，成为西南地区重要边患，多次与官方爆发冲突。以至德初年为例，西原蛮首领黄乾曜、真崇郁与陆州（今防城至钦州南部一带，治所乌雷）、武阳（今罗城县北）、朱兰洞（今东兰）蛮叛乱，"推武承斐、韦敬简为帅，僭号中越王"。随后，其他部族首领也纷纷称王，并联合攻打周边州县。参与人数据称有20万，绵延千里。他们占地设官，焚掠民宅，掠夺人民，危害十分严重，朝廷历时四年之久方能平定。乾元初年，朝廷派遣中使魏朝灿赦免首领罪行，招抚叛乱民众，并出兵讨伐武承斐等人。此后数年间，双方互有胜负。《新唐书·南蛮传》对"西原、黄洞继为边害，垂百余年"的若干次事件及唐朝中央政府的应对多有记载，为我们了解唐朝中央政府与边疆民族地区西原蛮的互动情况提供了宝贵资料。虽然《新唐书·南蛮传》中并没有记载潘长安叛乱与李昌巙平叛的相关内容，但我们仍可将《平蛮颂并序》碑文中提及的这一历史事件视为"西原、黄洞继为边害，垂百余年"的重要组成部分，这有助于我们理解唐代中央与地方的互动关系。

唐大历十一年，西原潘长安起兵，称安南王，在广西左右江流域及周边西南地区造成极大动荡。于是，唐代宗命李昌巙为桂州都督兼御史中丞持节招讨。李昌巙赴任后率军出击，大获全胜，斩首两万余级，生擒潘长安及其部将84人。对其余被逼逐、俘虏的20余万民众，他分发耕牛，命令他们返回家乡。李昌巙的这次平叛极大地震慑了周边十八州的叛军，使他们纷纷表示愿授首请罪。李昌巙将平叛胜利的消息上奏给唐代宗，唐代宗接报后下诏嘉奖，百官则奏请将此事铭于石。次年，唐代宗下令刊石纪功，以"歌颂勋烈"，《平蛮颂并序》遂于大历十二年（777）八月二十五日正式刻立。

《平蛮颂并序》提及西原贼帅潘长安和李昌巙两人。目前传世史书对潘长安并无记载，但《新唐书》多处记载有"潘归国"，如《新唐书·地理志》《新唐书·南蛮传》，后人认为潘长安可能就是潘归国，或者潘长安与潘归国是同族人。

李昌巙，《新唐书》《旧唐书》均未有相关传记，但有若干条记载有助于我们了解其部分活动。《旧唐书·代宗本纪》记载，大历八年（773）九月，辰锦观察使李昌巙出任桂州刺史、桂管防御观察使。自此，李昌巙开始在桂州任职。潘长安起兵叛乱时，李昌巙被唐代宗任命为桂州都督兼御史中丞。平叛后，李昌巙继续在广西任职数年，注重对当地各族的教化，并卓有成效，为维护国家统一和边疆稳定作出了积极贡献。如现存于桂林市区独秀峰的石刻《独秀山新开石室记》即时任监察御史里行的郑叔齐为李昌巙所作，颂扬他修整独秀峰下读书岩、辟山林、建学校、育人才的善举。

边事之事 慰人之思
——孔延之《瘗宜贼首级记》

孔延之（1014—1074），字长源，临江军新淦（今江西新干）人，孔子四十六世孙。他幼年时家境贫寒，勤奋好学，白天耕读陇上，晚上燃松夜读，终学艺大成。北宋庆历二年（1042），他"乡举进士第一"，被授予钦州军事推官。仕途方面，他在离任钦州军事推官后又先后担任洪州新建县、筠州新昌县等县知县，此后"知封州"，升擢为"广南西路转运判官""荆湖北路提点刑狱"等职，曾巩记述为"自钦州九迁至尚书司封郎中"。著作方面，孔延之认为"会稽山水人物著美前世，而纪录赋咏多所散佚"，于是到处踏勘搜集，汇集自汉迄宋各类铭志歌诗等805篇，分类编目，合辑为《会稽掇英总集》20卷传世。《四库全书总目》记载有相关信息，指出其所收诗文多出名人集本之外，为世所罕见，特别有功于文献，认为该书"在宋人总集之中最为珍笈"。此外，他还撰有文集20卷，今已佚失。熙宁七年（1074）二月孔延之去世，享年61岁。

唐宋八大家之一的曾巩撰有《司封郎中孔君墓志铭》一文，

不仅详细记载了孔延之一生的主要履历，为后人了解孔延之提供了宝贵资料，而且对孔延之评价甚高，认为他"治人居官，一以忠厚，不矜智饰名"，是为"笃行君子"。曾巩还在文中提到孔延之"子多而贤"，这是因为他的三个儿子孔文仲、孔武仲、孔平仲均为宋代著名诗人，被世人合称为"清江三孔"。

北宋年间，辽、西夏等政权虎视眈眈，北宋各地边境战事不断。北宋因此耗费了大量的人力、物力和财力，在动荡不安的局势下，社会治安问题尤为突出。广西作为北宋西南边陲之地，远离中央，地理位置特殊，长期以来都是朝廷统治的薄弱区域，边事时有发生。宜州地处广西中部偏北地区，因距离中央政府较为遥远，且信息传递不够顺畅和及时，当地的主兵之臣经常为了取得官职和赏赐而以欺诈手段对待上级，他们的存在不仅让当地各族百姓的生命财产安全受到极大威胁，更导致社会形势"不可救疗"，难以挽回，这对北宋朝廷在西南地区的统治构成了挑战，加剧了部分地区政局动荡。欧希范的叛乱即为其中一例。

为了稳定宜州局势，维护朝廷统治，北宋政府采取了一系列军事行动围剿"宜贼"。《瘗宜贼首级记》正是在这样的背景下应运而生，它由时任军事推官的孔延之写于北宋庆历五年（1045），主要内容首先是记载了庆历四年（1044）宜州欧希范、蒙赶等聚众叛乱和杜杞奉命平叛的历史事件，以及对"宜贼"首级的处置情况；其次是说明了为什么要撰写这篇《瘗宜贼首级记》。我们从中既看到了叛乱与平叛的主要历史过程，又对其产生的社会影响有了更加深入的认识和体会。

● 宋《瘞宜贼首级记》

庆历四年正月十三日,来自宜州下辖州县之一的环州的欧希范因怀怨聚众攻占环州县城,随后连续攻破多个地方,并驱逐了当地的官员,还自称神武定国令公、桂牧。他们依靠世贼蒙赶,利用宜州无备之机,计划沿龙江动摇两广地区的稳定。为了应对这一局势,北宋朝廷于当年四月派出刑部员外郎杜杞为转运按察使从京师前往广西,负责平定叛乱。杜杞至宜州后,成功捕获了蒙赶,并在次年正月七日捕获欧希范,十三日将其押解到环州,二十九日在宜州城下处决了欧希范、蒙赶及其伪置官属共243人,再加上此前所斩人数,总计斩首1494人。杜杞命令将首级分送至广西各郡"枭之以示众",以示警戒。宜州叛乱也就此平定,政治局势和社会秩序逐渐稳定。

《瘗宜贼首级记》是对当时欧希范叛乱事件的记录,也是对杜杞平定叛乱的功绩的记载,它虽不似传统经典著作那般广为人知,却有着不可忽视的历史价值,是一种独特的历史见证。《瘗宜贼首级记》的刻立,一方面反映了政府对打击叛乱行为的决心,通过处置贼首并记录掩埋之事,彰显其维护地方秩序和边疆安宁的努力,进一步增强朝廷在民族地区的权威,巩固统治根基;另一方面也起到警示作用,政府采用恩威并济的策略向世人告知犯罪行为必将受到惩处,让寻常百姓切身感受到朝廷的恩德,同时体会到国家的有效治理对他们日常生产生活秩序的积极影响。其篇幅虽然不长,但为后人研究当时的政治、军事和文化提供了佐证。特别是文中提到的对贼首的最终处理,让我们得以一窥当时人们的价值观和道德观念,呈现出历史的多面性和复杂性。

隐逸者的精神镜像与桂林山水的融合
——李渤与《留别南溪诗序》

李渤(773—831),字浚之,是中唐著名的直臣之一。有关他的籍贯说法不一,多数人认为他是陇西成纪(今甘肃秦安)人,个别学者考证认为他是浙江温州人。《旧唐书·李渤传》记载他于唐宪宗元和初年被户部侍郎、盐铁转运使李巽和谏议大夫韦况举荐出仕,以山人征为左拾遗,但"托疾不赴"。元和九年(814),唐宪宗以著作郎征之,李渤"于是赴官"。此后,他历任库部员外郎、考功员外郎、虔州刺史、江州刺史、桂州刺史兼御史中丞、桂管都防御观察使等职。唐文宗太和五年(831),他又以太子宾客被征至京师,月余后在洛阳去世,享年59岁,赠礼部尚书。

唐敬宗宝历元年(825),李渤因揭露宦官无理殴打县令崔发,为崔发辩护却遭到诬陷而得罪唐敬宗,被任命为桂州刺史兼御史中丞、桂管都防御观察使,前往桂州(今广西桂林)赴任。李渤到桂林后,一方面勤于政务,疏通灵渠,备荒赈灾;另一方面实地走访和寻找前人记载的历史遗迹,组织开发桂林周边景观,推进对溪洞社会的有效治理。《留别南溪诗序》即李渤在桂林活动的缩影和历史见证。事实上,《留别南溪诗序》并非一篇文章,而是李渤在桂林期间所作诗文的合称,其内容包括作于宝历二年(826)的《南溪诗序》和作于太和二年(828)的《留别南溪》诗。

隋唐以来,桂州成为中央王朝控制岭南地区的重要城市,是沟通中央与岭南地区的交通要道。特别是在中唐以后,桂林被多位诗人称为"小长安"。李渤在走访和建设南溪山之前,即已完成了对隐山的开发,使其由荒芜的自然景观变成了洞天灵府的道教景观,其背后蕴含着王朝国家对边疆的经略和文化整合。《桂林风土记》记载:"隐山在州之西郊,先是榛莽翳荟,古莫知者。宝历初,李渤出镇,遂寻其源,见石门半开,有水渊澈,乃夷薙芜秽,疏通岩穴,石林磴道,若天造灵府,不可根本,因号隐山。"正如杜树海等人认为,李渤在隐山修筑亭台楼阁,表面上是在桂州城西开辟游览观光的景点,实则是李渤对以隐山为中心的周围溪洞社会的治理;李渤在隐山建设庆云亭、隐仙亭及开凿洞穴的行为,包含了官员开拓边疆与地方主动选择归附中央的双重政治意义。太和元年(827),李渤在桂林任职两年后"风恙求代,罢归洛阳"。三月,他重返隐山撰诗一首:"如云不厌苍梧远,似雁逢春又北归。惟有隐山溪上月,年年相望两依依。"此诗描述了他期待北返的心境。

● 唐李渤《南溪诗序与李涉玄岩铭》。唐宝历二年刻，位于桂林市南溪山玄岩洞口上方。摩崖，隶书。高260厘米，宽200厘米。

宝历二年三月，李渤前往南溪山饱览南溪周围优美的景色，并赋诗一首，记载了他开发和建设南溪山的经过以及由衷的喜悦心情，通篇即景抒情，文辞清美，描绘生动。在《南溪诗序》一文中，他在开篇"序"中首先指出了南溪的地理位置，"桂水过漓山，右汇阳江。又里余，得南溪口"；其次描绘了南溪盛景，"溪左屏列崖巚，斗丽争高，其孕翠曳烟，迤逦如画。右连幽野，园田鸡犬，疑非人间"；再次，详细记录了南溪山上"二洞九室"的相关位置及优美景色，让读者仿佛进入了一个宁静而美丽的世外桃源，如"仙窟北又有石室，参差呀豁，延景宿云，其洞室并乳溜凝化，诡势奇状，仰而察之，如伞如盖，如栾栌支撑，如莲蔓藻井，左睨右瞰，似帘似帏，似松偃竹袅，似海荡云惊"；最后赋诗十韵以志之。《南溪诗》的全文如下："玄岩丽南溪，新泉发幽色。岩泉孕灵秀，云烟纷崖壁。斜峰信天插，奇洞固神劈。窈窕去未穷，还回势难极。玉池似无水，玄井昏不测。仙户掩复开，乳膏凝复滴。丹炉有遗趾（址），石径无留迹。南眺苍梧云，北望洞庭客。萧条风烟外，爽朗形神寂。若值浮邱翁，从此谢尘役。"诗中前六句总写了南溪山的岩、泉、壁、峰、洞，生动描绘了南溪山的美景；后三句分别写洞内奇景、山上眺望之景和对南溪山的赞美之情；最后一句"从此谢尘役"则表达了归隐的愿望和隐逸情怀，这可能与他早年出仕前在庐山隐居的经历有关。

太和二年十一月，即李渤向朝廷奏请任命他人代替自己，以便回洛阳的第二年，他重返南溪山并赋诗《留别南溪》一首："常

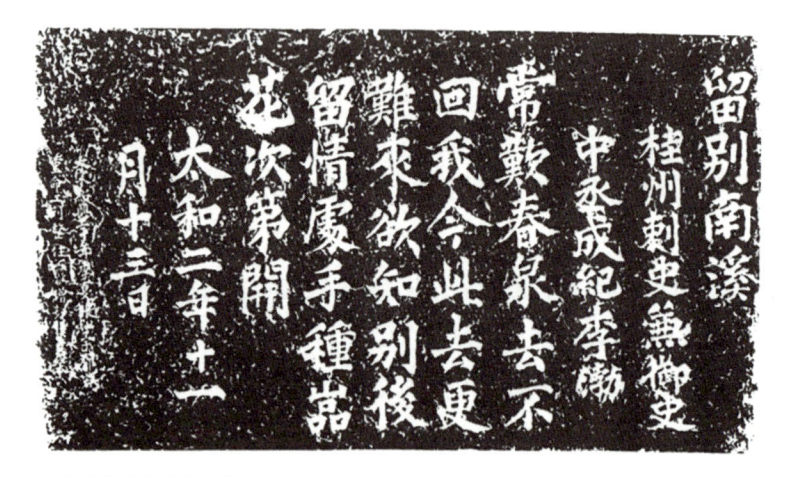

● 唐李渤《留别南溪》。唐太和二年李渤诗，宋绍兴二十年（1150）刻。位于桂林市南溪山白龙洞。摩崖，正书，字径7厘米。高59厘米，宽93厘米。

叹春泉去不回，我今此去更难来。欲知别后留情处，手种岩花次第开。"此诗不仅充分表达了李渤在离开桂林前对桂林山水的不舍和眷念之情，并再次显露了自己期待北回的心态。

桂林石刻展示了桂林城市的兴起与发展和山水文化密切相关，尤其是留存至今的唐代石刻，更加反映出唐代桂林旅游活动在文人士子中比较兴盛的情况。《留别南溪诗序》作为南溪山丰富石刻文化的重要组成部分，既是对唐代桂林美丽山水风光的生动描绘，也是作者李渤借山水言志的佳作。

需要特别指出的是，李渤的《留别南溪诗序》与韩愈《送李愿归盘谷序》共同开创了中唐"山水赠序"的新文体范式。当李渤留别南溪时，他已在无意识中完成了从隐逸者到"文化纪念碑"

建造者的身份转换，不仅使南溪成为桂林山水地景文化的重要组成部分，而且还使私人化的离别情绪和个人心史的缩影升华为公共文化记忆，以至宋人范成大在《桂海虞衡志》中记载"文人过南溪必抚石诵文"。这种跨越时空的对话，揭示了中唐文化转型中仕与隐的交织，恰是对李渤的遥远回应。《留别南溪诗序》中反映出的李渤对南溪自然景观的发现和细腻描绘，不仅是李渤开发南溪山景观的见证，也为后人研究唐代桂林的自然景观和文化活动提供了珍贵史料。自唐以后，历代均有修葺南溪山部分景观的相关记载，南溪山遂成为兼具自然与人文之美的胜地。

唐代地方官员及其家族的历史见证
——《唐故循州刺史李谏夫妇墓志》

1976年3月，广西容县容西乡（今属容州镇）铜鼓村担水岭发掘出一座唐代夫妇合葬墓，墓中出土有三块碑，分别为《太原郡夫人郭氏墓志》《唐故循州刺史李府君墓志并序》《改葬碑记》。

《太原郡夫人郭氏墓志》，作于唐文宗太和二年（828），由李谏的弟弟撰写，全文共367字。据墓志所载，郭氏祖籍太原，其祖先曾在多地任职，其父在广西任职，遂随父在广西生活，后嫁给李谏。她以贤淑著称，"奉长上以孝，抚孤弱以慈，施家政以宽，待宾筵以敬，宗亲睦然，皆原于夫人礼诚勤饰"。太和二年，郭氏在循州李谏官舍病逝，享年53岁，"权殡容州普宁县平潭乡平潭里光榔山西容邦原"，待日后与夫李谏合葬。

《唐故循州刺史李府君墓志并序》，作于太和三年（829），与《太原郡夫人郭氏墓志》相距不到一年，由中散大夫使持节康州诸军事守康州刺史上柱国赐紫金鱼袋曹千龄撰写，全文共937字。墓志主人李谏的生平未见传统正史记载，而墓志详细记载了李谏的生平事迹、家族背景、官职变迁以及去世后的归葬情况。据墓

● 唐《唐故循州刺史李府君墓志并序》

志所载，李谏，字政词，其家族历史可追溯至先秦时期，八世祖在隋朝封申公，其季子李宇任官藤县，子孙遂由此举家迁徙，定居广西。李谏的曾祖李玄璋曾任郴州刺史，祖父李重昂曾做过普宁郡（今广西容县）都督长史，父亲李实曾任潮州刺史、赠桂州都督。李谏本人自幼秉承家族优良传统，以孝悌忠信著称。唐德宗贞元末年，李谏协助过容管经略使韦丹修筑容州城，先后任职于岩州（今广西贵港）、绣州（今广西桂平）、党州（今广西兴业）。唐宪宗元和十三年（818），李谏跟随容州刺史阳旻镇压西原叛乱，因战功被任命为岩州刺史。大约在唐敬宗宝历元年（825），改任循州（今广东惠阳）刺史。唐文宗太和三年（829），李谏病故于任上,享年63岁,归葬祖坟之地"于容州普宁县安育乡富果里大容山之原"。

《改葬碑记》,作于唐文宗开成五年(840),由李谏夫妇之子李博撰写,全文共135字,主要记述了李博改葬父母的原因及其经过。

三块墓志一起出土的墓葬为李谏夫妇合葬墓。合葬是一种古老的丧葬习俗。早在春秋时期,夫妇合葬已经成为当时社会的主流。到了唐代,更是在律法中明文规定夫妻合葬,《唐律疏议》记载:"伉俪之道,义期同穴。"从墓志内容可知,墓葬主人为李谏夫妇,其中女主人郭氏去世于太和二年,男主人李谏晚一年去世。事实上,当时由于不知道李谏在次年即去世,因此按照习俗,将郭氏暂时葬在"容州普宁县平潭乡平潭里光榔山西容邦原",即墓志中所说"权殡",以便日后与丈夫合葬。李谏去世后,李博因"年月未利"暂时未将父母二人合葬,致使二人"茔垅相去廿里"。直到11年后的开成五年,李博才将父母二人合葬于"容州普宁县安育乡富果里大容山之原"。

两块墓志完整地记录了唐代李谏夫妇的生平。李谏夫妇育有一子三女,其子名李博。他写的《改葬碑记》不仅具体说明了改葬父母的缘由和经过,而且还解释了撰写碑记的原因:"即先考旧茔,坤维三里,伏虑日月,迁次陵谷,变移后,不知其所,故嗣子博号痛刻石以纪。"这展现出子女对父母的思念之情,为后人了解和解读合葬和迁葬习俗提供了难得的实物和佐证资料,弥补了一些历史文献记载的缺失。

在历史的长河中，墓志作为古代墓葬文化的重要组成部分，承载着丰富的历史信息和深刻的文化内涵。唐代作为中国历史上的一个辉煌时期，墓志更是研究当时政治、经济、社会、文化等领域的宝贵资料，犹如历史的棱镜，既映照出地方官僚的生存实态，又折射出礼法制度与个体命运的交织，包括女性史的个人叙述，其价值远超"补史之阙"的运用层面，实为解读中古社会的重要密码。

李谏夫妇的合葬是唐代夫妇合葬习俗的生动体现。出土的夫妻二人的两块墓志，详细记载了李谏夫妇的生平事迹和家族背景，不仅为我们了解唐代地方官员的任职情况及其家族的社会地位、地方官僚体系提供了佐证，而且还可以帮助我们进一步认识唐代中原与边疆民族地区的文化交流与民族融合，这种融合不仅体现在文化习俗上，还体现在家族联姻等方面。李谏夫妇的子女为其迁葬与合葬，也为我们了解和认识唐代的家族观念和社会习俗提供了第一手资料。而墓志中提到的容州普宁县等地名，以及一些职官名称，则为后人研究唐代职官制度演变、地方行政区划和岭南地区的国家治理提供了线索指引和帮助。

文魄与道魂的千年神交
——见证韩愈与柳宗元友谊的《柳州罗池庙碑》

唐宪宗元和十年（815），柳宗元从永州出发，溯湘江而上，经灵渠下漓水，再顺桂江、浔江而下，深入传说中的烟瘴荒蛮之地岭南。这是他在被贬永州司马十年后再度被贬。四年后，他病逝于柳州刺史任上。唐穆宗长庆元年（821），柳州地方官民感念柳宗元为政四年施政以德、造福百姓，按照柳宗元"馆我于罗池"的遗愿，建庙于罗池畔，罗池庙由此得名。庙里曾立有根据韩愈所作《柳州罗池庙碑》摹刻的石碑，遗憾的是不幸毁于唐末五代乱世之中。庙碑承载的是柳宗元利民、安民、便民的"利安元元"信念，是韩愈、柳宗元作为同僚、挚友之间的惺惺相惜，承载着中国传统的士大夫精神。

韩愈和柳宗元这两位文化巨擘是唐代古文运动的核心领袖，世称"韩柳"。柳宗元加入王叔文集团参与"永贞革新"，主张激进改革；韩愈在政治上趋于保守，对革新派持保留态度，认为其"躁进"。柳宗元崇信佛教，尤其是被贬永州后成为虔诚的佛教徒；韩愈则坚定捍卫儒家道统，是坚定的辟佛者。尽管二人在政治和思想上有分歧，但二人彼此敬重，友情深厚。柳宗元临终托孤韩愈，足见对其信任。《柳州罗池庙碑》文情并重、亲切感人，展现了韩愈对柳宗元的复杂感情和精神共鸣。

《柳州罗池庙碑》作于唐穆宗长庆三年（823），是韩愈所作的三篇"悼柳"散文之一。韩愈作于唐宪宗元和十四年（819）的《祭柳子厚文》重在表达哀悼之情，作于元和十五年（820）的《柳子厚墓志铭》重在讲述柳宗元一生的立身行事。《柳州罗池庙碑》分序文与铭文两部分，序文以散文叙事，主要记录柳宗元治理柳州的政绩，并神化其形象；铭文则诗化赞颂柳宗元高洁的品格和自由灵魂，抒发哀思痛切之情。在韩愈一生所作的23篇庙碑祭文中，《柳州罗池庙碑》颇有影响力，它不仅是唐代古文运动的经典之作，而且还因融合了韩愈的道魂和柳宗元的文魄，被千古传扬。

《柳州罗池庙碑》碑额为"罗池神碑"，开篇点明罗池庙为"故刺史柳侯庙也"，之后便详细论述柳宗元治理柳州卓有成效。柳州地处岭南，经济、文化极为落后，属于唐朝的下州（不满2万户）。而在韩愈笔下，"柳侯为州，不鄙夷其民，动以礼法，三年，民各自矜奋"，柳宗元未因屡遭贬官而沉沦，反而勤勉务实、重视教化、治理有方。

对于柳宗元的评价，韩愈先以柳州百姓的口吻，用"天幸惠仁侯""莫违侯令""莫不忖度而后从事"来表达对柳宗元的拥戴。至于韩愈本人，则在审视了柳宗元禁止债务奴隶、劝教兴农、禁绝巫医、移风易俗等治绩后，称赞其"生能泽其民，死能惊动福祸之，以食其土，可谓灵也已"，将柳宗元塑造为"罗池神"，在死后显灵，惩恶扬善。这似乎与其一贯主张的以儒道救世的思想相悖，后人亦因此多对这篇文章大加抨击。如《旧唐书·韩愈传》中有"南人妄以柳宗元为罗池神，而愈撰碑以实之"，指责韩愈不该撰此碑文，致使乡民的无稽之谈成为事实；王安石也认为韩愈作此类文章是"诡怪以疑民"。韩愈以道统自居，他作文评价人物，理应依据儒家的核心理念"仁"和"义"，在此却神化柳宗元，其真实用意不得而知，或为借助柳州民间信仰来表达对挚友生前造福百姓、死后化为神灵的敬重。

《柳州罗池庙碑》的铭文部分，是韩愈为柳州百姓所作迎享送神诗：

柳侯，河东人，讳宗元，字子厚。贤而有文章，尝位于朝，光显矣，已而摈不用。其辞曰：
荔子丹兮蕉黄，杂肴蔬兮进侯堂。
侯之船兮两旗，度中流兮风泊之。
待侯不来兮不知我悲。
侯乘驹兮入庙，慰我民兮不嚬以笑。
鹅之山兮柳之水，桂树团团兮白石齿齿。
侯朝出游兮暮来归，春与猿吟兮秋鹤与飞。
北方之人兮为侯是非。千秋万岁兮侯无我违。
福我兮寿我，驱厉鬼兮山之左。
下无苦湿兮高无干，秔稌充羡兮蛇蛟结蟠。
我民报事兮无怠其始，自今兮钦于世世。

● 唐《柳州罗池庙碑》。韩愈撰文,沈传师书,陈曾篆额。原在柳州柳侯祠。久佚,传世仅有一宋拓本,剪贴裱本,十二页半,每页高32厘米,宽18.3厘米。正书。唐长庆三年刻。

韩愈仅用"贤而有文章，尝位于朝，光显矣。已而摈不用"寥寥数语，便回顾了柳宗元的一生。他应是怀着无比复杂的心情写下这段文字，既哀叹柳宗元英年早逝，也讽刺朝廷用人不公，在表达对柳宗元被贬谪命运的悲悯的同时，完成了士大夫阶层在中央权威衰落之际的文化自救。《柳州罗池庙碑》"文以载道""不平则鸣"，影响深远。

柳宗元给柳州百姓带来福祉，罗池庙也让柳宗元以"柳柳州"的别称流芳百世。柳宗元病逝后归乡安葬。唐时，柳州百姓即已修建了柳宗元的衣冠冢进行祭拜。宋元时期，祭祀柳宗元的活动由民间上升到国家层面。宋代政府为彰显对岭南的重视并进一步稳固统治，北宋哲宗、徽宗和南宋高宗对罗池庙三次赐牒加封。罗池庙由此逐渐演变为柳侯祠，祭祀活动改由官方主持、民间参与，春秋两祭。元泰定帝致和元年（1328）四月，朝廷加封唐柳州刺史柳宗元为"文惠昭灵公"，位列公、侯、伯、子、男爵位序列中的最显赫地位，可见其在元代备受尊崇。元末明初，受战争影响，柳侯祠遭到损毁，信众逃散，州治外迁，庙宇破败，庙产被占，民间祭祀活动随之减少，柳宗元的神灵形象也逐渐弱化。明清时期，中央朝廷较少直接介入地方的神灵信仰事务，而是通过在庶民社会推广宗法礼仪，建立地方与国家沟通的渠道。经过清初多次重修柳侯祠，柳宗元文教圣贤形象日益凸显，更多的名吏重臣、文人墨客前往柳侯祠拜谒凭吊、参观游览。清宣统元年（1909），柳州地方官在罗池庙的基础上修建了柳侯公园，不仅保存了柳宗元衣冠冢，而且还根据柳宗元在《柳州城西北隅种柑树》

"手种黄柑二百株，春来新叶遍城隅"的意象修建了柑香亭，并刻有《荔子碑》《罗池庙碑》《龙城石刻》《元刻柳宗元像碑》等。自1920年开始，每年清明节，社会团体、学校师生在柳侯祠、衣冠冢开展祭祀柳宗元活动。柳州曲艺家所作《祭柳侯歌》《祭柳歌》由二十世纪三四十年代传唱至今："春光潋滟，细雨绵绵，飘摇垂柳泯陌阡，清明报到衔泥燕。嘻语墓前，相约到公园。柳侯坟上簇花圈。一声默念，礼乐三宣，同忆鹅山柳水，开明文化来斯贤。忆无限，歌吊夕阳边。"

2023年11月10日，大型文化节目《宗师列传·唐宋八大家》在中央广播电视总台综合频道播出。12月1日，第三期《柳宗元篇》首播，主持人撒贝宁在开篇评价柳宗元："有这样一位宗师，在他的座上，曾喧嚣着长安的繁华，二十出头便京师显贵。他也曾在孤舟上独钓一江寒雪。三十多岁，左迁南荒，从此长望故乡。但无论足登青云，还是身处低谷，他始终坚守真理。在短短47年的生命当中，他为中国文学留下了大量玉树琼枝般的作品。他就是宗师柳宗元。"节目播出后，越来越多的游客到柳侯祠参观打卡。当人们驻足在柳侯祠大门前读着楹联上的"山水归来黄蕉丹荔，春秋报事福我寿民"时，只知其出自苏轼所作《荔子碑》，却不知其源于韩愈所作《柳州罗池庙碑》。韩柳二人神交千古，柳州人知否？

"粤西石刻,以此为最佳"
——韩云卿《舜庙碑》

  《舜庙碑》原位于桂林虞山西南壁,刻于唐建中元年(780),隶书,是桂林市现存最早的营缮纪事石刻,现收藏于桂林市桂海碑林博物馆。撰文者韩云卿是韩愈叔父,以文辞独行于中朝,擅长作碑铭;书碑者韩秀实是隶书名家韩择木之子;篆额者李阳冰,被时人推为秦汉以后篆书第一手,与韩云卿交好,此前也曾与韩云卿合作有《平蛮颂并序》。三人的合璧之作《舜庙碑》被誉为"三绝碑",清代学者钱大昕称"粤西石刻,以此为最佳"。

  虞山,位于桂林城北,东濒漓江,北临皇潭。虞山又名舜山,相传舜帝曾南巡至此,后人怀思,立舜庙祭祀。舜庙始建年代不详,历代均有修葺。唐建中元年,桂州刺史李昌巎目睹庙宇朽陋衰败,捐出俸钱增新缮故,并刻《舜庙碑》记述重修经过。《舜庙碑》不仅在文学和书法方面展现出卓越的艺术成就,而且具有珍贵的史料价值,是研究唐代历史、文化和书法的重要实物资料。

  舜庙,又称"舜祠""虞帝庙""虞帝祠",是以传说中的上古明君舜帝作为主要供奉对象的祠庙。《舜庙碑》主旨是纪念时

"粤西石刻，以此为最佳" 41

● 唐《舜庙碑》。韩云卿撰文，韩秀实书，李阳冰篆额。位于桂林市虞山。摩崖，隶书。唐建中元年刻。高401厘米，宽200厘米。

任桂州刺史、桂管观察使的李昌巙修缮舜庙一事。碑文先是叙述了舜帝事迹和桂州舜庙的由来，紧接着是交代维修的原因。碑文说，李昌巙在"领桂林象郡之地"后，对神明和祠庙颇为敬仰，却发现桂州舜庙已经"祠宇隳圮，狭隘朽陋"，就连"斋服祭器"似乎也存在疏漏。长此以往，不仅是对神明的懈怠和不敬，而且对人们自身也没有好处，会妨碍向神明邀福。因此，作为地方长官的李昌巙才"因以俸钱增新缮故"，下令重修舜庙。

着眼于立碑前后的历史背景可以看出，李昌巙在桂州兴修舜庙与当时岭南周边的特殊政治局势密切相关。天宝年间，岭南西部出现隐忧，"居广、容之南，邕、桂之西"的西原蛮开始壮大，大姓黄氏与韦氏、周氏等共同主导了十数州的统治，俨然成为一支独霸一方的新兴地方势力。不仅如此，黄氏还积极谋求对其他大姓的控制。这一威胁岭南安定的隐患在安史之乱期间演变成一股大规模叛乱的浪潮，致使岭南陷入了动荡之中。正是在叛乱迭起的背景下，李昌巙于大历八年（773）被朝廷任命为桂州刺史、桂管观察使，主掌桂州这个在岭南西部的重要区域。据相关记载，李昌巙早年曾为"剑州衙将"，应当是武人出身。唐朝廷之所以在此危急时刻任命他为桂州地方长官，应是考虑到他可以平定西原蛮，稳定岭南。事实上，他到任后确实开始积极采取行动，试图达成这一目标。

此时，兴修舜庙并刻《舜庙碑》，不仅是为了宣扬德政，还承载着宣扬李唐王朝声威、震慑潜在的叛乱者以稳定岭南地方局势的深层用意。首先，桂州舜庙开始兴修的时间为"大历十一年",这正是李昌巙平定西原蛮酋帅潘长安叛乱的时间。《舜庙碑》叙述说"是岁,寇贼歼平,年谷丰稔,五岭之人,阴受帝祉",不仅提到平定"寇贼"一事,还将它与"年谷丰稔"并列,作为岭南民众受到舜帝保佑的两大表现。碑铭部分更是直接提及西原蛮叛乱的平定。"西原寇平,南亩有年",与序文相照应,再次强调了李昌巙平乱之功是与农业丰收并列的太平景象。"仡仡武夫,我战自克"的语句,更进一步宣扬了唐王朝军队的战无不胜,对于潜在的叛乱者来说无疑是一种震慑。碑文将李昌巙麾下唐军神勇,取得平定变乱的辉煌成就归因于神明舜帝的保佑,无论是所谓"阴受帝祉",还是"祀事报功,皇灵降臻",都是在渲染平乱胜利得益于舜帝的神力相助,突出神明对唐王朝和地方官李昌巙的偏爱和护佑。考虑到古人对鬼神的普遍信奉,这种大肆宣传应当能够有效震慑潜在的反叛者,保持地方社会的稳定。另一方面,《舜庙碑》还将舜帝作为中原汉文化的象征,通过叙述舜帝南巡的事迹强调岭南周边地方与中原的联系,唤起桂州地方民众对中原、唐朝廷的认同感。碑文叙述舜帝生平,从其早年孝行,接受尧帝禅让,一直到晚年"法尧禅禹"后"南巡狩,崩于苍梧之野"。尽管到唐代为止,关于舜帝究竟崩于何地存在一些争议,但人们基本上都认为是在南方。因此,《舜庙碑》作者明显是想把舜帝的逝世地点理解为距离岭南不远的地区,并用"南人怀思,立祠祷祭"解释桂州舜庙的由来,以凸显其"历夏殷周秦,距乎有国,凡更十姓,享奠不替"的悠久历史。

韩云卿希望通过《舜庙碑》的描述让人们相信,经由舜帝南巡，桂州与中原早已建立了联系，桂州当地人对舜帝感恩戴德、缅怀追思而建立供奉舜帝的祠庙，已历经十数朝而不废。舜帝作为上古传说的先代帝王，无疑是中原文化的绝佳代表。碑文极力说明桂州与舜帝之间的关系源远流长，也就是在强调桂州与中原密不可分，强化当地人对中原文化的心理认同。以李昌巙为例，唐代地方官在治理地方社会的过程中展现出的积极主动的态度，以及所发挥的创造性作用都是不可小觑的。正是得益于这样的地方官，在突发危机面前能够尽己所能，充分利用各类资源，采取各种措施应对挑战，唐王朝的统治才得以自上而下地贯穿于全国各地，才得以在各种冲击与挑战中屹立不倒，维持了较长时间。

通过对碑文的充分解读可知，李昌巙兴修桂州舜庙，不仅是地方官一般的德政行为，而且还是对此时岭南乱局的一种有效的应对措施。看似普通的修庙立碑，却承载了重要的宣传教育任务。通过对外部形制和内部文本的精心设计，《舜庙碑》宣扬了李唐王朝的声威，震慑了潜在的叛乱者，强化了当地民众与唐王朝之间的联结，有利于恢复岭南的统治秩序。这一切恰恰得益于舜帝作为先代帝王类神明的特性。舜帝作为神灵的身份，能够赋予唐王朝和李昌巙以权威；舜帝身为先代帝王的这一面，以及他的特殊生平，则有助于建立起岭南地方社会与唐朝廷的联系，强化桂州民众对唐王朝的认同与忠诚。时任桂州地方官的李昌巙正是利用了舜帝信仰的这些特性，赋予了修缮祠庙这种原本一般性的德政行为应对特定危机的功能，扩大了其治理地方的效果。

石上春秋的历史镜像
——唐《安玄朗墓志》

清光绪二十一年（1895），广西容县厢里泗水河村村民挖土建房时掘出唐代官员安玄朗的石质墓志，然后移置当地绣江书院，后失传。该墓志最早见载于光绪二十三年（1897）刊本《容县志》。志文有拓本，现藏于广西壮族自治区博物馆。《唐代墓志汇编续集》、《隋唐五代墓志汇编·北京大学卷》（第二册）等亦有收录。广西壮族自治区博物馆所藏拓片尺寸为长0.8米、宽0.7米。据《容县志》记载，该墓志高二尺五寸，宽一尺九寸；头两行字字径六分，其余为五分，全文为楷书；志文共二十行，行满三十六字至四十三字。

《安玄朗墓志》介绍了墓主的生平、家族背景及社会地位。这是目前国内发现的地理位置最南的粟特人墓志，通过对志文内容的分析可知唐代岭南粟特人的踪迹。《安玄朗墓志》的发现不但为研究唐中晚期粟特人的动向提供了新的材料，而且为研究唐代地方社会、家族文化及书法艺术提供了珍贵的实物资料。

安玄朗，字子远，其祖先是出自安国的粟特人。安国位于现中亚阿姆河与锡尔河之间的泽拉夫珊河流域。粟特人以善经商闻名，多豪商大贾，操印欧语系东伊朗语。中国史籍记载"凡西域人入中国，以石、曹、米、史、何、康、安、穆为氏者，大率俱昭武九姓之苗裔也"，故习称粟特人为昭武九姓。该墓志文记载安玄朗"其先武威人也"，武威是入华粟特人的一个大本营，因而成为很多在华粟特人的郡望所在。入华粟特人多仕武职，根据该墓志记载，安玄朗的曾祖以粟特军人的身份参加了平定朱泚叛乱、收复长安的战事，于唐兴元元年（784）被赐予"奉天定难功臣、华州镇国军同关镇遏使"；祖父为"朝散大夫、检校秘书监、使持节潘州诸军事、守潘州刺史、兼监察御史"；父亲为"容州普宁县令，又招讨巡官、知顺州军州事"。墓志中安玄朗的官名颇多："容管经略押衙、银青光禄大夫、检校、太子宾客、上柱国""海门防戍军都知兵马使"。专家认为，中晚唐藩镇僚佐常带朝衔、宪衔和勋衔。安玄朗远在岭南，不太可能在首都长安担任检校郎、太子宾客、光禄大夫等官职，因此他实际担任的职务是容管经略押衙以及海门防戍军都知兵马使。由此可见，安玄朗家族四代人均出身行伍，戎马一生。

- 唐《安玄朗墓志》。颜钦撰文,杨遵书。清光绪间于容县厢里泗水河村出土,已佚,拓本现藏广西壮族自治区博物馆。正书。唐乾符二年(875)刻。

唐代海门（位于今合浦县廉州镇一带）所在区域位于邕管、容管、交管三经略府的交界地带，地理位置十分重要。唐宣宗大中十二年（858），安南都护李涿为政贪暴，社会矛盾大大激化，治下一些部落受南诏诱惑，向其称臣，从此安南多事。唐懿宗咸通三年（862），南诏大举入侵安南。朝廷命都护蔡袭放弃交趾，退守海门。但南诏已围交趾，蔡袭无路可退，战死沙场。咸通四年（863）六月，朝廷废安南都护府，于海门镇置交州行营。咸通五年（864），朝廷任命高骈为安南都护。高骈治军于海门，以五千人入南定，掩击近五万敌军，大破之。咸通七年（866），高骈进京后再返海门，再败敌军，杀南诏官员段酋迁及为南诏作向导者，斩首三万余级，南诏遁去。安玄朗在海门连年征战，立功而被授勋。唐代置上柱国至武骑尉共十二阶，自正二品至从七品，皆无职掌，称为勋官，可以通过战功获得"转数"，从低到高提升勋衔。安玄朗有上柱国的勋官衔，已是十二转勋官中的最高等级，可见其立过很多战功。唐僖宗乾符二年，安玄朗在军营病故。

《安玄朗墓志》作为唐代墓志的重要遗存，不仅承载着个体和家族生命史的记录，更折射出唐代社会、文化、制度、民族等多维度的历史信息，是解读唐代文明的重要钥匙。

补充官修史书缺漏，还原个体叙事与历史细节，是墓志作为私人撰述的碑刻文献的重要功能。《安玄朗墓志》记载的墓主家族世系、仕宦经历等个性化内容，可以补充《旧唐书》《新唐书》等官修史料的空白，特别是墓志中涉及的地名、职官名称等，能够佐证唐代行政区划变迁与职官制度的演变情况，为研究唐代官僚体系运作提供微观案例。其所记载安玄朗病后"医筮不乏，药祷无征"的情况，说明他与老百姓无异，遇到疾病后会卜筮祷告，祈求护佑，预测凶吉。

在北方的粟特人聚居区，同族婚姻是入华九姓粟特人的主要婚姻形式，胡汉联姻也普遍存在。特别是唐中后期，粟特人入华已历经数代，郡望也逐步由"安息"等西域地名转为西北武威等。安玄朗一家也是入华年代久远，受汉文化的熏陶浸染，逐渐融入中华文化的氛围中。墓志记载安玄朗娶河东柳氏为妻，虽然柳氏乃是被流放岭南的士族之后，但是"德叶礼经，言契诗教，居室亟闻其义让，宜家将极其显荣"，世家大族的家风与家学在岭南显然是鹤立鸡群的。与士族柳氏的联姻，反映出安玄朗的婚姻有注重"门第"的观念。这无疑是其谙熟汉文化的具体表现之一，也是唐时外来民族与中华文化交融的一个历史例证。

走进神话的唐代名将
——《加封李靖碑》

李靖（571—649），字药师，唐朝首席名将，官至尚书右仆射，位列宰相，加封司徒、卫国公，是唐朝的柱石功臣。他出生在北周，隋朝时担任马邑郡丞，存在感并不强，即便他是隋朝名将韩擒虎的外甥。他以行军总管身份出征，并最终节制前线各路兵马是在唐朝，当时已经50岁。贞观二十三年（649），李靖病逝，享年79岁，谥号"景武"，这是隋唐时期武将的最高荣誉之一，与后来的"忠武"一样，是名将奋斗一生的追求。

唐武德三年（620），李靖协助李瑗平定巴蜀之乱，旋即以行军总管兼长史身份出征，协助赵郡王李孝恭征讨荆州，实则负责全军。出征前，唐高祖李渊明确宣布："三军之任，一以委靖。"李靖也不负所望，两个月内平定萧铣并安抚岭南。武德六年（623），李靖以行军总管身份征讨江淮辅公祏，半年后平定江南。武德十三年（630），李靖以大总管身份节制李勣等八行军总管，攻灭突厥，俘虏颉利可汗，洗刷渭水之耻。武德十八年（635），李靖再次节制前线众将，千里戈壁追击伏允，攻灭吐谷浑。李靖的显赫战功得到时代与历史的认可。他位列唐朝"凌烟阁二十四功臣",还是"武庙十哲"之一,与白起、韩信、诸葛亮、吴起、张良、李勣、乐毅、司马穰苴、孙武等并列,受后代帝王祭祀。李靖不但有《六军镜》《卫公兵法》等兵法著作流传至今,而且还是神话中"托塔天王"李靖的原型,三太子哪吒成了他儿子,称得上家喻户晓。

有一块位于桂林市普陀山脚灵剑江畔的石刻,记载了五代时期帝王加封李靖为"灵显王"的历史。石刻高三尺,宽三尺八寸,真书,径四寸,创作于后晋天福二年(937)。碑文全文字数不多,只有"唐桂州都总管使李卫国公庙天福二年加封灵显王"短短21个字,却透露出卫国公李靖显赫的历史功绩,以及五代时期人们的心理诉求,具有非常高的史料、艺术和文化价值,值得后人认真品鉴。

隋开皇九年(589),杨广、杨素、贺若弼、韩擒虎(李靖舅舅)攻灭南朝陈后招抚岭南地区,隋朝基本完成统一。隋文帝对岭南采取怀柔政策,册封当地少数民族首领,授予他们官职,并给予经济上的援助,如不仅册封岭南豪酋首领冼夫人为谯国夫人,而且对活跃在广西、广东的土人首领冯盎、李光度、宁长真及其兄弟子侄都加封官职。隋炀帝时期,大兴土木,三征高句丽,耗尽国力,导致民不聊生,终于激起了农民起义。与此同时,隋朝内部势力纷纷拥兵自重,如河西薛举、薛仁杲,河东刘武周、宋金刚,荆襄湖广萧梁后裔萧铣,晋阳李渊、李建成、李世民,东都洛阳留守王世充,都在伺机而动,起兵反隋。

岭南地区的众多豪酋在南北朝时期享受南朝齐、梁的恩惠，隋朝时得到隋文帝的安抚，故而对萧氏、杨氏感情颇深，唐朝想要收复岭南难度较大。唐武德四年（621），李孝恭、李靖率兵征讨荆襄。此时正值农业收获季节，萧铣认为唐军不会在这个时候出兵，便下令士兵回家务农，结果李靖快速进军，攻灭萧铣，而众多勤王军还在路上。拿下荆襄后，李渊授予李靖检校荆州刺史之职，派他去招抚岭南，并特许他承制拜受，把岭南地区豪酋从萧氏、杨氏阵营拉拢过来。承制拜受，就是可以任免官员的意思，李渊授予李靖"特许状"，让他根据实际情况授予岭南豪酋首领官职，以羁縻方式约束他们，让岭南接受唐朝中央政府的领导，维护国家统一。

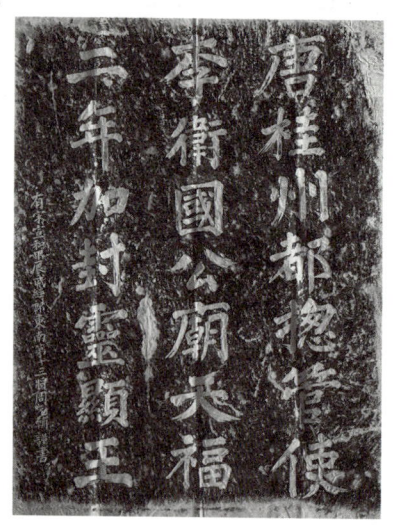

● 宋《加封李靖碑》

李靖不但善于用兵，谋略更是过人，显示出出众的军政才华。岭南地区在政治、经济、社会、文化上与中原地区差异很大，故而不能单纯地依靠军事手段征服，而需要以武力作为后盾，采取招抚策略，并推行文化教育，让百姓知晓忠孝仁义。李靖南下时，以桂州（今广西桂林）为基地南巡各地，认为"若不遵以礼乐，兼示兵威，无以变其风俗"。冯盎、李光度、宁长真等人纷纷派遣子弟前来拜见，接受唐朝统治。李靖也晓以大义，在岭南地区施以文化教育，李靖所到之处安抚老弱，寻找当地有声望的耆老询问疾苦，授予儒家经典，让他们教育子孙。李靖的努力收到良好效果，岭南各地闻风而降，唐朝得到岭南九十六州，民众六十万户。李渊大喜，下诏劳勉，授任李靖岭南道安抚大使、检校桂州总管。武德五年（622），李靖全面负责岭南地区军政，驻桂林，继续安抚岭南。

卫国公李靖因安抚岭南各地与桂林结下了不解之缘。李靖在岭南的成功，不仅仅是单纯依靠军事上的震慑，更多的还是靠文化与教育的施行，把忠孝仁义礼智、国家观念等儒家思想渗透到当地，形成一种文化认同，从而把各地区各民族凝聚起来。《加封李靖碑》的创作时间更是寓意深远，后晋天福二年雕刻在普陀山上，诉说着人们对国家统一与社会安定的追求。安史之乱后，中央权势衰落，藩镇割据，内战不断，广西也不能幸免。咸通九年（868），庞勋在桂林发动起义，揭开了唐末农民起义的序幕。唐哀帝天祐四年（907），朱温灭亡唐朝，建立后梁，历史进入五代十国，后唐、后晋、后汉、后周在中原交替。五代时期，天下混战不息，民不聊生。所谓"国难思良将"，李靖在隋末唐初招抚岭南，给当地带来太平，人们也盼望着有一位像李靖那样的名将出现，希望天下、岭南能在"灵显王"的照耀下重回太平，各族百姓共享盛世。

《加封李靖碑》是人们对太平盛世，对天下安宁与民生幸福的渴望与期待的历史写照。《加封李靖碑》不只是彰显李靖的战功与成就，也不仅仅是为了记录加封事件而雕刻，而是当时人们家国情怀的流露。如今，以李靖为原型的"托塔天王"，及相关的三太子哪吒神话传说已是老少皆知，被拍摄成众多影视剧、动画片。这表明，李靖、哪吒的文化与经济价值依然值得深入挖掘，期待李靖相关文化能更好地融入现代生活。

困境与期待
——宋太宗与《精忠》《西江》《颐堂》刻石

赵光义(939—997),原名赵匡义,在宋太祖登基后为避讳改名光义,自己登基后又改名为炅。公元960年,赵匡胤陈桥兵变,黄袍加身,夺取后周政权,改年号为建隆元年,建立北宋。开宝九年(976),赵匡胤在"烛影斧声"的疑云中去世,弟弟赵光义继位,是为宋太宗,留下了北宋史上的一大谜案。相比于太祖赵匡胤,赵光义的军事能力很一般,却能在兄长的基础上攻灭北汉,招降吴越、漳泉,结束了五代十国的混乱局面。但是,宋太宗对定难军(党项)、静海军(交趾)等唐末以来割据的边疆藩镇的用兵均以失败告终。对北方强大的辽朝,宋太宗相继发动幽州之战、雍熙北伐,也是一败涂地。此后,宋太宗守内虚外,在军事上采取消极防御策略,奉行"重文轻武"的基本国策。

● 宋太宗题"精忠"二字。宋咸平二年（999）刻。石在融水苗族自治县真仙岩，已毁。拓片高190厘米，宽100厘米。楷书，宋太宗撰，有"御书之宝"印。《（嘉庆）广西通志·金石略》《广西石刻展览出品目录》《广西博物馆藏摩崖碑刻目录》著录。

宋太宗虽然武功一般，但在文化、教育、科技等方面成就突出，开启了一个盛世时代。宋太宗下令编纂《太平御览》《太平广记》《文苑英华》等三部影响力巨大的类书，兼具史学与文学价值。科举教育方面，宋太宗将隋唐以来的科举考试推向顶峰，科举考试次数频繁，录取人员众多，考试程序规范，应试人员身份限制放宽。同时，又实行锁院试贡、糊名法、誊录制度，确保考试与录取公平公正，得到广大读书人的支持。宋太宗在扩大统治基础的同时，开启了文官政治时代。由此，魏晋以来的门阀世家逐渐退出历史舞台，这一变化，强化了中央集权，维护了国家统一与社会安定。

至道三年（997），宋太宗驾崩，谥号"神功圣德文武皇帝"

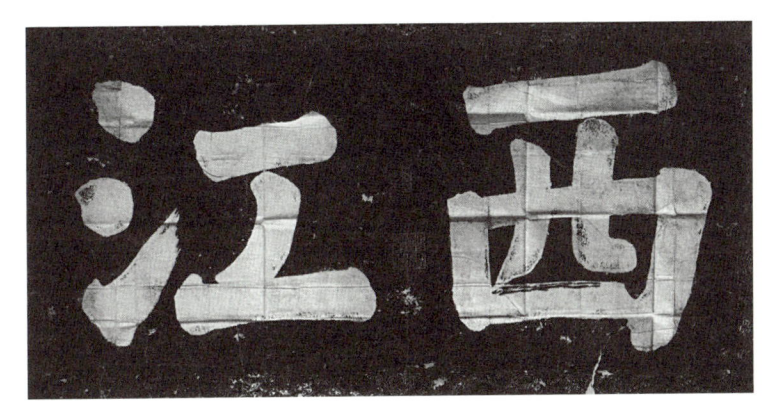

● 宋太宗题"西江"二字。宋咸平二年刻。石在融水苗族自治县真仙岩,已毁。拓片高190厘米,宽95厘米。楷书,宋太宗撰,有"御书之宝"印。《(嘉庆)广西通志·金石略》《广西石刻展览出品目录》《广西博物馆藏摩崖碑刻目录》著录。

(后加谥"至仁应运神功圣德文武睿烈大明广孝皇帝"),庙号太宗,葬于永熙陵。《宋史》对宋太宗的治国成就与文教评价很高,他可谓"名副其实"。

广西柳州市融水苗族自治县的老君洞,在见证了北宋文化教育的昌盛的同时,也有着宋太宗在广西留下的文化印迹。融水苗族自治县山清水秀,风景优美,具备独特的自然景观与底蕴深厚的人文景观,是著名的旅游目的地。位于西江流域的融水,在两宋时期即为文人墨客荟萃之地,他们来自全国各地,欣赏着老君洞的自然美景,在洞内崖壁上留下自己的笔墨,供后人品鉴,这些诗文题刻构成了一道别致的书香长廊。宋太宗在位22年,并未来过广西,更别说是融水,但却与融水结下了不解之缘。宋太宗一生亲自颁发了"御书碑"120轴藏于洞内，并敕封老君洞为"真仙岩"，其中《精忠》《西江》《颐堂》被刻在洞中真仙岩崖壁上，诉说着北宋的困境与宋太宗对治国的期待。

真仙岩上的这些石刻字迹是宋太宗赐书，收藏在洞内，却是在宋真宗年间雕刻，寓意深远。那么，"精忠""西江""颐堂"这些词语究竟有什么含义呢？

从"精忠"最能看出当时北宋的困境与宋太宗、宋真宗父子的期待。"西江"，不难解释，融水位于西江流域，是西江的重要枢纽，广西联系贵州的要道，有着特殊的经济地位。而"颐堂"是养生的地方，要按"圣人养贤以及万民"的自勉来理解。

唐朝安史之乱持续八年之久，极大地削弱了中央集权，并酿成后来的藩镇割据。唐哀帝天祐四年（907），宣武节度使朱温取代唐朝，建国"梁"，史称后梁，五代十国由此开端。五代十国时期，天下混乱，中央集权遭到破坏，伦理纲常被挑战，毫无忠孝仁义。赵匡胤建立北宋，结束了五代十国的"乱象"。宋太宗继位后，在继续面对北方辽朝压力的同时，还要设法处理自唐朝遗留下来的定难军（党项）以及静海军（交趾）问题，更重要的是要重新构建一种全新的社会秩序，以便彻底结束五代十国以来的乱象，以及铲除造成这种乱象的文化土壤。对外作战的宋太宗军事水平有限，在幽州之战、雍熙北伐两次大规模对辽用兵中惨败，连西征党项也以失败告终，造成西北接近独立，自己的威望也受到了挑战。

广西五代时期属于南汉的疆域，长期与北宋为敌，征战不

● 宋太宗题"颐堂"二字。宋咸平二年刻。石在融水苗族自治县真仙岩,已毁。拓片高190厘米,宽95厘米。楷书,宋太宗撰,有"御书之宝"印。《(嘉庆)广西通志·金石略》著录,拓片藏广西桂林图书馆。

断,朝廷不得不多次用兵。在这种背景下,宋太宗迫切需要忠臣良将,希望他们精忠报国,捍卫北宋江山。但是,为了防止出现五代十国武人专权的局面,宋太宗又极力打压武将,导致将帅凋零,渴望忠臣良将与治国策略存在着现实上的冲突。宋太宗的赐书把《精忠》放在第一位自然有他的道理,从中也能看出北宋面临的困境,以及帝王对重塑强大王朝的期待。

总体而言,宋太宗的赐书既是对忠臣良将的期待,也是对国泰民安的诉求。两宋时期设置广南西路,"广西"正式出现在历史上,也是今天广西行政建置的起源。宋太宗赐书,宋真宗时代文人墨客在崖壁上刻石,对宣传北宋的文化教育有着特殊意义,也是中原文化向边疆少数民族地区拓展的一种表现。融水老君洞的独特自然景观，加上宋太宗赐书，以及文人墨客、僧侣、道士、官宦等人的题字，给融水增添了浓厚的人文色彩。宋人范成大在《桂海虞衡志·志岩洞》中称赞："融州有灵岩真仙洞，世传不下桂林。"南宋诗人、状元张孝祥曾流连此处，对真仙岩美景大加赞赏，并留下"天下第一真仙之岩"的巨幅榜书。明代大旅行家徐霞客看到崖壁上宋太宗的题字后流连忘返，在此洞住了13天，并写下了五千字游记，生动描述了老君洞的山光水色及传奇神话。历代诗人、旅行家对美景的赞赏，对文化的品鉴，都是对融水老君洞自然与文化景观的肯定。

北宋皇祐四年（1052），侬智高发动起义攻打邕州（今广西南宁），一度建立"大南国"，北宋的西南边疆受到威胁。大将狄青受命于危难之际，亲率大军征讨以挽救危局。狄青进入广西后，对广西各族晓以忠义，让他们充当向导，协助宋军剿灭侬智高，并震慑交趾，使其不敢轻举妄动。北宋至和二年（1055），侬智高战败后逃到大理，广西重新恢复了安宁。狄青平定侬智高起义的事迹反映了宋太宗《精忠》《西江》《颐堂》刻石下的国家治理效果，宋太宗渴望忠臣良将保家卫国，在宋仁宗时期的狄青身上得到了回应。

元祐党人的政治浮沉录
——蔡京与桂林《元祐党籍碑》

蔡京（1047—1126），字元长，北宋兴化军仙游县（今福建莆田仙游县）人。宋神宗熙宁三年（1070）进士及第，熙宁时期拥护变法，元祐时期投靠司马光，绍圣期间再倡新法，徽宗朝初期贬居杭州。蔡京后结交为宋徽宗赵佶访书画奇巧的宦官童贯，因其书画作品获宋徽宗赏识而被重新起用，成为权相。民众痛恨奸臣误国，将蔡京列为"六贼"之首，民谣中"打破筒，泼了菜，便是人间好世界"的"菜"便是指"蔡京"。

宋太祖创业二十年，功绩在于"事为之防，曲为之制"，然而对政治上利益集团之间的党同伐异却无法做到防微杜渐。《元祐党籍碑》是北宋晚期统治集团内部斗争的产物。广西境内有两处同名为《元祐党籍碑》的石刻，分别在桂林市龙隐岩石壁和柳州市融水苗族自治县真仙岩。对比之下，两处石刻在形制大小、碑文格式、书法风格等方面有所差异，但经考证文句内容，发现二者皆为南宋时依据北宋崇宁四年（1105）由权相蔡京所书《元祐党籍碑》的重刻。

● 宋蔡京书《元祐党籍碑》。南宋庆元四年（1198）梁律重刻，位于桂林市月牙山龙隐岩。摩崖，正书。

宋神宗元丰八年（1085），宋神宗驾崩，哲宗继位。因哲宗尚不满十岁，便由高太后处理军国事务。司马光任宰相后，全面废除王安石新法，恢复旧制。宋哲宗元祐年间，由王安石变法引发的党争愈演愈烈，支持变法的政治派别被时人称为"元丰党人"，反对变法一派则被称为"元祐党人"。宋哲宗元祐八年（1093），高太后去世，哲宗亲政，改元"绍圣"，重新起用变法派章惇、曾布等人为宰相，严酷打击"元祐党人"，苏轼、苏辙、黄庭坚等人皆遭流贬。宋哲宗元符三年（1100），宋哲宗去世，宋徽宗赵佶继位，向太后垂帘听政，先后起用了一批"元祐党人"，废除变法新政。1102年，宋徽宗亲政后改年号为"崇宁"，宣示重归神宗，施行王安石之道。其中举措之一，便是拜王安石的学生蔡京为相。蔡京上任两个月后，便着手推动了一场大规模的政治清算。

《宋史·蔡京传》记载："时元祐群臣贬窜死徙略尽，京犹未惬意，命等其罪状，首以司马光，目曰'奸党'，刻石文德殿门，又自书为大碑，遍班郡国。初，元符末以日食求言，言者多及熙宁、绍圣之政，则又籍范柔中以下为邪等。凡名在两籍者三百九人，皆锢其子孙，不得官京师及近甸。"由此可见，蔡京先是将元祐、元符年间恢复旧法的文彦博、司马光等120人（据《续资治通鉴》记载，御史台从石刻抄录到的人数，"内臣、武臣不与焉，通计止九十八人"）列为元祐奸党、元符奸党，由宋徽宗御笔亲书奸党姓名，刻石立于文武百官入朝必经的端礼门外，并不许党人子孙担任在京官职，宗室不得与之联姻。后来，他又炮制出一份包括元祐旧党、若干新党士人和政敌在内，人数多达309人的"元祐党籍"名单。名单中增加的王珪、章惇等人以"为臣不忠"的罪名入列，实则是因为王珪没有绝对支持哲宗上台，而章惇反对徽宗即位。蔡京所为，还有挟私报复、打击异己的用意。徽宗初立时的宰相曾布、韩忠彦，王安石的学生路佃，变法派人物李清臣等人，因得罪蔡京也被列入"元祐党籍"。为消除"元祐党人"的思想影响，苏轼、黄庭坚等人的作品被列为禁书。

崇宁年间，《元祐党籍碑》共经四次刻立。除崇宁元年（1102）首次以宋徽宗御书刻石于端礼门外，崇宁二年（1103）第二次刻石为复制端礼门石刻于外路州军，崇宁三年（1104）六月第三次、第四次刻石后令全国各州县复刻，昭告天下。崇宁五年（1106）正月初五，彗星现于西方，不祥之兆令朝野大震。宋徽宗恐遭天谴，诏令毁弃《元祐党籍碑》。《皇宋通鉴长编纪事本末》对此事有详细记载，辩称毁碑、开党禁并非宋徽宗的初衷，但他心中仍称朝堂以外的石刻为"奸党石刻"，可见其对党人及其子孙所施恩惠不过是对天象异变的一种回应罢了。而蔡京也即将迎来人生的第一次罢相。

《元祐党籍碑》从最初刻立到被毁，仅仅用了四年时间，其影响是恶劣的，入党籍者及其子孙多遭迫害和打击。南宋时，朝廷为收揽人心，下诏寻求党籍名单，恩典党人子孙。此时，名列《元祐党籍碑》者被视为忠直之士，其本人及子孙皆以之为荣。"蔡京所书党碑及国子监所刊印党籍上书人名"被找到后，元祐党人及其子孙被朝廷"推恩"，他们还开始私刻党籍碑，竭力为

"元祐党人"恢复名誉。此后,《元祐党籍碑》的拓本也逐渐传播开来。

在历史的风烟中,望向北宋神宗、哲宗、徽宗年间,浮沉在政治激流与漩涡中的那个时代的风流人物,他们难以预知,党籍碑刻立20多年后,金人会大举南侵,北宋亡国;他们难以知晓,宋徽宗和蔡京这两位政治人物兼书法家,会一个被俘,一个死于被贬岭南的途中;他们更难以知晓,政治风云变幻,党籍碑后来的命运令人唏嘘,又令人欣慰。

到南宋时期,《元祐党籍碑》已成为"元祐党人"的旌表碑,其复刻之处并不限于桂林龙隐岩和柳州融水真仙岩。这两处党籍碑所列人数、人名、顺序不尽相同,但因在党人姓名前附有蔡京的书题而被证实俱为南宋时期重刻。桂林龙隐岩党籍碑应为位列党籍碑第九位的梁焘曾孙梁律于庆元四年据蔡京书309人碑拓本重刻于摩崖上,有序言和重建时的跋,反映出南宋对"元祐党人"评价的转变,虽经数百年风雨侵蚀仍保存完好,字迹清晰。清光绪二十三年(1897)四月,康有为在桂林宣传维新变法时曾游龙隐岩观党籍碑,触景生情,写下《观元祐党人碑题记》,刻于党籍碑的左下侧。后因维新变法失败,康有为逃亡,桂林人士凿去题记中的康有为名字。而柳州融水真仙岩党籍碑是一块石碑,为"元祐党人"沈千的曾孙沈晖于嘉定四年(1211)利用家藏拓本重刻,但相较于崇宁本作了较多改动,在明初有损毁,现存于柳州市融水苗族自治县博物馆。

广西所存的两处《元祐党籍碑》既是北宋党争的历史见证,

又在南宋后被赋予"忠臣名录"的新意义。今天,它们已成为研究宋代政治的重要历史文物,成为广西历史文化的一部分。立于碑前,后人无不慨叹,碑文中蔡京所言的"元祐害政之臣",如苏轼、黄庭坚等,他们的命运中交织着政治倾轧与文化存续的双重轨迹。

家国同构的摩崖见证
——司马光书《家人卦》

司马光（1019—1086），字君实，号迂叟，世称涑水先生，陕州夏县涑水乡（今山西省夏县）人，生于光州光山（今河南省光山县），是北宋时期政治家、史学家、文学家、书法家。司马光于宋仁宗宝元元年（1038）中进士甲科，先后任谏议大夫、翰林学士、御史中丞等职。治平三年（1066），撰成《通志》八卷，上呈宋英宗，颇受重视。英宗命设局续修，后宋神宗赐书名为《资治通鉴》，并亲自作序。熙宁初年，司马光竭力反对王安石变法，强调祖宗之法不可变。神宗不听，授他为枢密副使，司马光坚辞不就，于熙宁三年（1070）出知永兴军。次年，司马光退居洛阳，以书局自随，继续编撰《通鉴》，从发凡起例至删削定稿，他都亲自动笔，至元丰七年（1084）《通鉴》书成。宋哲宗即位后，高太后听政，召司马光回朝，任尚书左仆射兼门下侍郎，主持朝政。他排斥新党，废止新法，在为相八个月后，于元祐元年（1086）病逝，享年68岁，获赠太师、温国公，谥号"文正"。司马光后配享哲宗庙廷，画像放置于昭勋阁；又从祀于孔庙，称"先儒司马子",并从祀于历代帝王庙。司马光学识渊博,涉猎史学、哲学、经学、文学乃至医学等。文学上,他明确反对堆砌辞藻,提倡"可用之文",推崇文以载道。他为人忠直严谨、低调淡泊,留下了破瓮救友、诚信卖马等逸事,为世人乐道。

广西融水苗族自治县城南郊有老君洞(又称真仙岩),洞体宽敞,可容千人,洞高百丈,高大明亮,其间古人摩崖灿若群星,且多宋代名人刊石。洞内高不可攀的峭壁之上,有宋朝司马备刊刻司马光书《家人卦》刻石。司马备为司马光曾孙,南宋绍兴十九年(1149),至融水为官。在公务之余,司马备游览老君洞,发现洞壁上刻有宋太宗赐书的摩崖,于是决定将家藏的司马光书《家人卦》也刻在洞壁上,以传后世。该摩崖石刻标题为《宋司马太师书家人卦》,共110个字,明确记载了摩崖刊刻的因由与时日:"先太师温国文正公书此于家,曾孙备因倅融水,谨摹刻于郡南老君洞之石壁。绍兴十有九年岁在屠维大荒落重午日记。"

司马光书《家人卦》主要阐述了家庭成员之间的相处原则。文中提到家庭成员应各有其位,父、子、兄、弟、夫、妇各安其位,家庭才能和谐有序。文中还强调家庭成员之间应当遵循一定的道德规范和行为准则,如父慈子孝、夫唱妇随,通过这种家庭的和睦来实现社会的安定。司马光还解释了《易经》中的风火家人卦象,风在上火在下,象征火因风而愈炽。这一卦象表明家庭中的领导与服从关系,并揭示了如何通过合理的家庭管理方式来激发家庭成员的潜能。另外,文中也讨论了家庭治理与国家天下安定的关系,认为家庭的和睦是国家治理的基础。

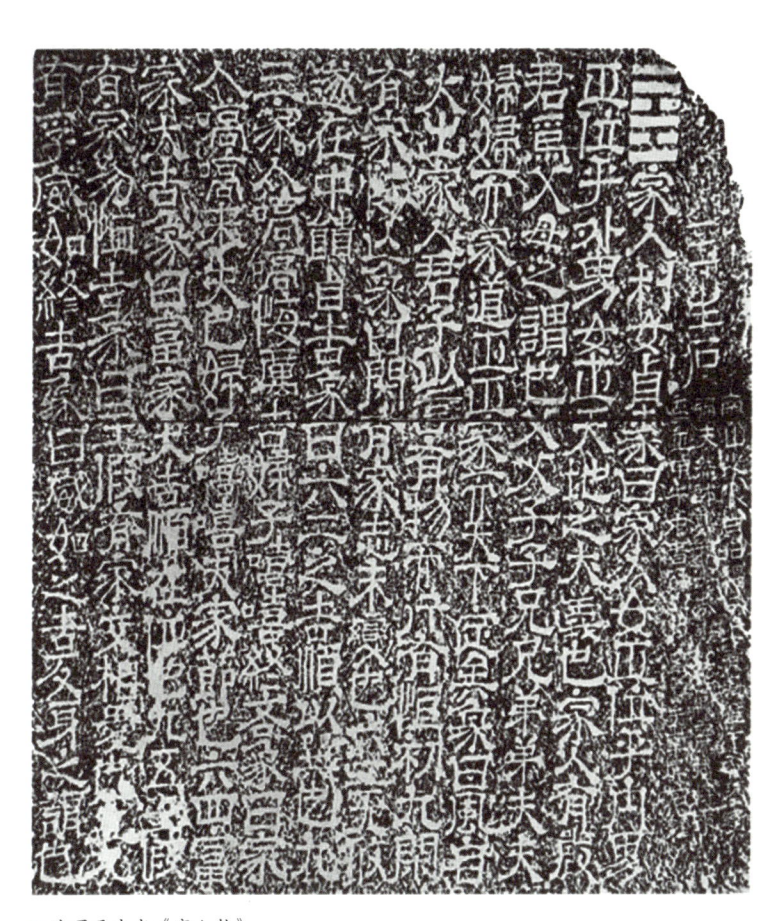

● 宋司马光书《家人卦》

司马光书《家人卦》传达出的思想体现了中华优秀传统文化中对于家庭高度重视的文化基因，其倡导的家庭责任、伦理秩序与修身理念，为构建和谐家庭与社会提供了重要文化资源。这一跨越近千年的石刻，不仅是宋代文化的缩影，更是中华文明"家国同构"精神的永恒见证。

宋代以来，关于杭州南屏山《家人卦》石刻是否为司马光真迹的争议持续数百年。周密《武林旧事》曾质疑其为唐代作品，而叶绍翁等学者则坚称出自司马光之手。直至在广西融水老君洞发现其曾孙司马备于1149年镌刻的《家人卦》摩崖，方有实物佐证南屏山《家人卦》石刻确为司马光真迹。石刻内容完整，保留了《家人卦》卦辞、爻辞及《彖》《象》传文，字体端劲、字迹如新，印证了黄庭坚对司马光隶书"极端劲"的评价。这一发现不仅破解了历史悬案，更凸显了"文献失而求诸石"的历史价值，为宋代书法史、家族文化研究提供了重要实证。

修身、齐家、治国、平天下是儒家伦理典范。《家人卦》作为《周易》第三十七卦，核心在于阐释"治家之道"。卦辞"利女贞"强调女性在家庭中的核心作用，主张"女正位乎内，男正位乎外"，通过家庭成员各司其职（父父子子、夫夫妇妇）实现"家道正，天下定"。司马光选择书写此卦，与其家训思想一脉相承。他在《家范》中强调"治国必先齐家"，认为家庭伦理是道德教化的起点。石刻不仅是对《周易》哲学的传承，更折射出司马光以家训化民成俗的社会理想。据载，他刻此卦于杭州南屏山，正是为矫正当时"富丽多淫靡"的世风，倡导"修身齐家"

的儒家伦理。

　　司马光虽以史学闻名，但其书法造诣同样为世人所重。南屏山与融水摩崖的《家人卦》隶书，结构严谨、笔力遒劲，体现了宋代文人"以书载道"的精神追求。此石刻不仅是书法艺术的典范，更通过将经典文本与书写形式结合，将《家人卦》的伦理思想通过视觉艺术传播开来。它以摩崖形式镌刻于公共空间，兼具教化功能与审美价值，成为宋代"金石文化"的典型代表，是隶书典范与文人精神外化的写照。

　　司马光《家人卦》强调"言有物而行有恒"，倡导言行一致的家长榜样作用；主张"闲有家"的治家原则，提示防微杜渐，通过建立规则维护家庭和谐；运用卦象"风火相生"的哲学隐喻，揭示家庭与社会的互动关系是只有内在家风端正，方能外化出社会正气。此外，石刻作为文化遗产，也可以唤醒人们对中华优秀传统文化中蕴含的家庭价值观的重新审视，为解决现代家庭冲突、推进现代家庭伦理建设提供传统智慧。

宋代文人的山水情怀与文化担当
——《周去非等龙隐洞题名》

  桂林市七星山龙隐洞北出口的峭壁上隐藏着一方特殊的宋代石刻——周去非与同僚的题名碑。这块长1.2米、宽0.8米的石碑表面布满青苔，但"周去非"三个字依然清晰可见。就像今天我们旅游时在景点拍照发朋友圈，800年前的文人墨客用刻刀在石壁上记录着他们的足迹与心境。

  周去非（1135—1189），永嘉（今浙江温州）人，隆兴元年（1163）进士，时任静江府（今广西桂林）属县县尉。周去非初到桂林时，因听不懂当地方言而闹出不少笑话，但他没有自怨自艾，而是开启了"学霸模式"，跟着壮族猎户进山辨认草药，向瑶族银匠学习錾刻技艺，甚至混入码头集市记录商船往来。在《岭外代答》中，我们能看到许多有趣的记载，如桂林人用柚子叶洗头防脱发，壮族人用"歌圩"代替文字传情，"桂林"得名源自"桂树成林"，等等。这位来自浙江温州的读书人，每天既要处理公务，又要提笔记录异乡见闻。在龙隐洞的这次雅集中，他与同僚们带着酒壶、笔墨，踏着晨露来到洞前。这样的场景在南宋时的桂林并不罕见。据统计，七星山现存宋代题刻多达129件，如同古人留下的"弹幕"，诉说着他们对这片山水的痴迷。范成大、张孝祥等名士都曾在此挥毫，但周去非的独特之处在于他不仅留下了石刻题名，更用一本《岭外代答》让世界认识了广西。

周去非在桂林期间遇到了自己的人生导师范成大。范成大是写出"纵使晴明无雨色，入云深处亦沾衣"的大诗人，时任广南西路经略安抚使。他带着周去非巡视边疆，教他如何用诗文记录风物。在考察灵渠时，范成大形象地比喻道："你看，这方水塘就像天地间的秤砣，称量着中原与岭南的文化分量。"范成大以《桂海虞衡志》开创了系统记录广西风物的先河，周去非的《岭外代答》则在此基础上进一步拓展，补充了边帅制度、民族关系等细节，堪称"广西文化地图集"。两人的关系亦师亦友，范成大离任时曾赠诗周去非："嗟我与五君，曩如栖鸟聚。偶投一林宿，飘摇共风雨。"诗中可见范成大对这位后辈的惜别之情。周去非进士及第的时间比上司范成大晚了九年，他凭借勤勉与才华，逐渐在广西官场崭露头角。他为官时虽并不显赫，但在任职桂林期间深入民间，记录风土人情，最终以《岭外代答》名垂后世。

有趣的是，周去非还像个旅游博主般整理出桂林岩洞排行榜，依次是读书岩（颜延之隐居处）、龙隐洞（传说有神龙飞升）、伏波岩（因汉代伏波将军而得名）、水月洞（洞中可见水中月影）等。在龙隐洞考察时，他注意到前人常将"龙隐岩"与"龙隐洞"混淆，于是在书中特别标注："今人所谓龙隐洞，实乃两处景观。"这种严谨态度让《岭外代答》成为当时最精准的广西旅游

● 宋《周去非等龙隐洞题名》。南宋乾道八年（1172）刻。位于桂林市月牙山龙隐洞。高 115 厘米，宽 88 厘米。行书。

攻略。

周去非在《岭外代答》一书中不仅记录下会跳舞的藤蔓、能预报天气的钟乳石，澄清"蛊毒"实为医理不明的中毒现象，解释"鬼市"夜集是躲避酷暑的智慧，而且特别关注民族文化交融，认为壮语"贝侬"（兄弟姐妹）体现了各族人民平等的观念，其详细记载壮族的铜鼓文化、瑶族的刺绣工艺，为后人了解当时各民族社会文化状况提供了宝贵资料。

桂林现存摩崖石刻2000余方，其中宋代石刻占比最高。这些石刻不仅是艺术瑰宝，更是中华文明多元一体的见证。保护石刻，就是守护历史的"活化石"。周去非的龙隐洞题名，不仅是宋代文人的"到此一游"，更是一扇穿越时空的窗口。透过它，我们看见了南宋文人在山水间挥毫的洒脱，听见了他们对边疆文化的深情咏叹，更触摸到一个时代的文化脉搏。站在龙隐洞前，仰望斑驳的石刻，仿佛能听见历史的回声。当我们用手轻触冰凉的碑刻，仿佛能感受到800年前那个温州书生心中炽热的文化使命感。他的故事告诉我们：每个时代都需要这样的记录者——用眼睛发现美，用心灵理解异乡，用笔墨连接古今。就像周去非把壮乡歌谣写进著作，今日的我们或许不用在石壁上刻字，但同样可以用自己的方式书写时代。只要怀揣对文明的热忱，每个人都能成为新时代的"周去非"。

跨越时空的精神共振
——苏轼《荔子碑》

珍藏于柳州柳侯祠的国家一级文物《荔子碑》(又名《送神曲》)，是中国古代碑林世界中的名品。碑高231厘米，宽129厘米，楷书，10行，行16字。碑文为唐代韩愈《柳州罗池庙碑》末段的歌词，以首句"荔子丹兮蕉黄"而得名。北宋苏轼书帖上石。《荔子碑》因"柳事""韩文""苏书"而久享"三绝"之誉。南宋嘉定十年(1217)，《荔子碑》立于罗池庙。跋语记载："柳州判官关庚道经长沙，湖南安抚使安丙以东坡书《韩昌黎享神诗》相赠，使刻碑于罗池庙。"

在宋代文化星空中，《荔子碑》的诞生犹如一场跨越三百年的文化对话。唐穆宗长庆三年(823)，韩愈为追悼挚友柳宗元撰写《柳州罗池庙碑》，以"荔子丹兮蕉黄"的瑰丽诗章为后世埋下了文化伏笔。三百年后，谪居岭南的苏轼挥毫重书此篇，柳事、韩文、苏书熔铸一炉，成就了中国碑刻史上罕见的"三绝"奇观。

这场跨越时空的文人唱和，是北宋文脉自觉的集中体现。苏轼选择在贬谪途中书写此文，表达了对韩愈、柳宗元精神的深刻

● 宋苏轼书《荔子碑》。宋嘉定十年刻立于柳州罗池庙。拓片藏于柳州市柳侯祠。碑高240厘米，宽137厘米。楷书。韩愈撰，苏轼书，天台关庚刻并跋，廖之正书跋。此为日本京都大学人文科学研究所藏清代拓片。《（嘉庆）广西通志·金石略》《广西石刻展览出品目录》《广西博物馆藏摩崖碑刻目录》《柳州市摩崖石刻表》《柳州市志·文物古迹志》著录。关庚，天台人，嘉定十年春任柳州判官（签书判官厅公事的简称，为宋代各州幕职）。《（嘉庆）广西通志·职官表》未记。桂如麓，贵溪（今属江西）人，柳州知州。《（嘉庆）广西通志·职官表》未记。廖之正，豫章人，柳州学教授。《（嘉庆）广西通志·职官表》未记。详见《荔子碑的文化之旅》（柳州博物馆编《博文丛书》，广西美术出版社2013年版）。

认同——韩愈谏迎佛骨的刚直、柳宗元柳州治政的仁德，与自身"一蓑烟雨任平生"的旷达，在岭南的瘴雨蛮烟中形成三重精神的交相辉映。当苏轼以庄严肃穆的楷书再现韩愈悼文时，笔锋间既是对前贤的致敬，更是对自身精神困境的纾解。当时正值绍圣年间新旧党争的白热化阶段，苏轼在政治漩涡中选择以文化传承实现精神突围，使《荔子碑》成为北宋文人集体精神的浓缩。

苏轼在《荔子碑》中的书法实践，堪称宋代尚意书风的典范。不同于唐代楷书的法度森严，其字结体取颜真卿之雄浑，参柳公权之骨力，却在点画间注入文人的率性——主笔纵逸如剑出鞘，副笔收敛似弓藏弦，形成"疏可走马，密不透风"的视觉张力。王世贞赞叹其为东坡书中第一碑，朱熹评其"奇伟雄健"，正是对其突破性书法风格的精准概括。这种艺术突破源于苏轼"我书意造本无法"的美学追求。碑文中"荔"字的浑圆饱满，暗合荔枝果实的丰盈之态；"丹"字末笔的凌厉顿挫，恰似朱砂坠砚的瞬间动态。苏轼将对岭南风物的观察融入笔墨意象，使静态碑文焕发出鲜活的生命力。面对韩愈悼念柳宗元的悲怆文字，他采用浓墨重笔、字字千钧的书写方式，在纸绢上重构出三贤隔空对话的庄重场域。

《荔子碑》的深层价值，更在于镌刻了中国传统士大夫的民本精神，是民本情怀的深刻体现。柳宗元在柳州释放奴婢、开凿井泉、兴办教育的德政，经韩愈文笔转化为"惠我柳州"的集体记忆，最终通过苏轼的笔墨升华为永恒的精神图腾。这种跨越时空的德政书写，实质上是儒家"仁者爱人"思想的具体实践。苏轼的书写选择更具深意。本不擅楷书的他，却以最庄重的书体抄录此文，恰是对柳宗元"吏为民役"理念的自觉呼应。碑文中"侯之船兮两旗，度中流兮风泊之"等句，经苏轼雄健笔法再现，将柳宗元巡视农事的勤政形象定格为不朽的文化记忆。这种书写行为本身，已成为传统士大夫精神传承的仪式——从韩愈的悼文创作到苏轼的碑文书法，中国传统文人群体通过文化生产不断强化着"以民为本"的政治伦理。

自南宋嘉定十年首刻于柳州罗池庙，《荔子碑》便开启了传奇的文化旅程。明代刘克勤摹刻于永州愚溪，清代魏绍芳分刻四石嵌于柳子庙，直至当代公园的现代复刻，每次重刻都是对文化记忆的重新激活。更值得注意的是《荔子碑》东渡日本后，江户时期的学者们将其奉为"唐样书法"的典范，使中国传统士大夫精神浸润了整个东亚文化圈。这种跨文化传播的背后，蕴藏着碑文特有的人文引力。当临摹"荔子丹兮蕉黄"时，我们不仅是在学习苏轼笔法，更是通过文字触摸到中国文人"达则兼济天下"的精神传统。海南黎族"以荔祭苏"的民间习俗，则证明《荔子碑》已从精英文化符号转化为民间集体记忆，在俚语村言中延续着中华优秀传统文化的血脉。《荔子碑》是唐宋古文运动的精神地标，是尚意书风的艺术丰碑，更是中国传统士大夫精神的立体呈现。当我们的目光拂过那些历经沧桑的碑文刻痕，触摸到的是悠久的中华文明中最为珍贵的文化基因——对道义的坚守，对民生的关怀，对文化的传承。这种基因在当今依然具有积极的现实意义。当柳州学子在柳侯祠临摹碑文时，他们继承的不仅是书法技艺，更是"先天下之忧而忧"的精神火种；当研究东坡笔意时，我们探寻的不仅是艺术真谛，更是东方文明共同的价值追求。《荔子碑》就像文化长河中的航标，指引着后世在传统与现代的交汇处找寻精神安顿的港湾。

柳宗元对于柳州的文化影响自不待言，当时言传身教，千年之后，流风且未歇，与时又更新。韩愈《迎享送神诗》情文俱佳，千载之后，仍然诵在人口。东坡法书大字，已勒石传承八百余载，见碑而顶礼膜拜者不知凡几。《荔子碑》今后还要经历更长远的跋涉，将衍生或折射出更加丰富的文化异彩，为各民族文化互鉴融通、兼收并蓄书写华章。

北宋文人的交游与精神世界
——米芾《米芾程节赠答诗》碑

米芾（1051—1107），初名黻，后改芾，字元章，世居太原，幼年随父徙居襄阳，自号海岳外史，北宋著名书画家。他曾任校书郎、书画博士、礼部员外郎。世称"米南宫"，与蔡襄、苏轼、黄庭坚合称"宋四家"。他的书画自成一家，枯木竹石画、山水画独具风格。其书法也颇有造诣，擅篆、隶、楷、行、草等书体，长于临摹古人书法，能达到乱真程度。桂林现存三处米芾遗迹：早年题名碑、自画像碑与《米芾程节赠答诗》碑，分别对应他的书法、绘画与文学成就。《米芾程节赠答诗》碑的发现使桂林成为唯一同时保存米芾三类艺术作品的城市，强化了其作为"文人南迁文化地标"的地位。

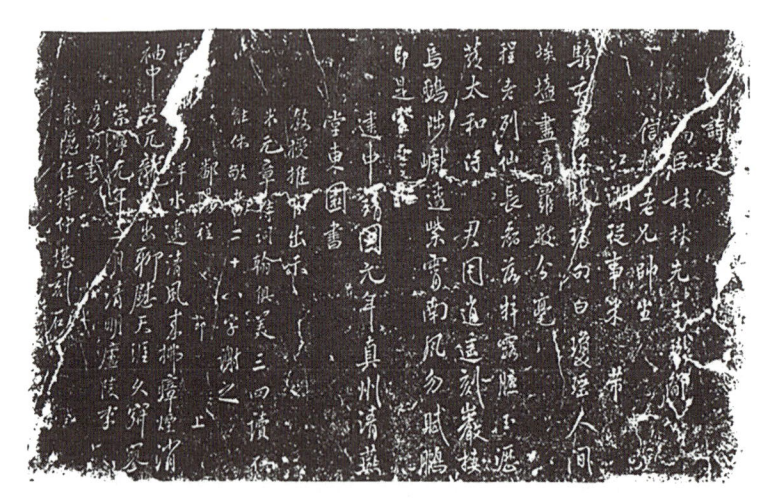

● 宋《米芾程节赠答诗》碑。崇宁元年（1102）由龙隐住持仲堪刻。在桂林龙隐岩摩崖。高 0.59 米，宽 0.86 米。草书，字径 0.03 米。

程节（1033—1104），字信叔，江西浮梁（今鄱阳）人，宋嘉祐年间进士，历官朝议大夫、直龙图阁及宝文阁待制等；宋哲宗元符元年（1098）知桂州，后任广南西路转运副使、经略安抚使。他在桂十余年，学识广博，晓事理，广交游，与米芾情谊颇深，米芾有《诗送端臣桂林先生兼简信叔老兄帅座》诗。程节明政务，练甲兵，销患未萌；开园圃，建亭阁，与民同乐。元符二年（1099），他在月牙山山腰及山麓分别修建环翠阁、骖鸾亭和释迦寺；崇宁元年，又重修逍遥楼，更名"湘南楼"；崇宁二年（1103），于揭帝塘附近造"八桂堂"。崇宁年间开辟的程公岩，岩以其姓命名。他又好畅游山岩，所至必题刻吟咏，普陀山元风洞、伏波山还珠洞、月牙山龙隐岩有其题刻数件。

桂林为摩崖石刻重镇，龙隐洞集中了唐宋以来大量文人题刻。米芾早年任临桂县尉时便留有题名碑。《米芾程节赠答诗》是米芾晚年创作的一首五言古风，后与程节的和诗合刻于桂林龙隐洞石壁，成为宋代文人酬唱传统的重要见证。米芾晚年诗歌的刻录，既延续了米芾与桂林的文化渊源，也体现了宋代文人以石刻存诗的创作自觉。此碑由龙隐洞住持仲堪主持刻制，融合了佛教文化、地方行政与文人雅集的多重元素。

北宋中后期党争频发，文人多因政治立场遭贬谪，李彦弼的南迁是此时代文人命运浮沉的一个缩影。崇宁元年，51岁的米芾在真州（今江苏仪征）任上为友人李彦弼饯行。李彦弼因元祐党人事件受到牵连，被贬到桂林担任教授推官。在离别的宴席上，想到未知的旅程，李彦弼的心中无限惆怅，对"非贬不去"的桂林充满恐惧。米芾青年时曾任职于桂林，深知桂林山水秀美，为宽慰李彦弼，便以诗为介描绘了桂林的秀美山水，并嘱李彦弼将诗转交给自己的好友程节，以求其关照。诗中"骖鸾碧玉林，琢句白琼瑶。人间埃壒尽，青罗数分毫"等句，既是对桂林风光的诗意想象和描写，承袭了唐代山水诗的浪漫传统，又融入宋代理学"天人合一"的哲思，也隐含着对友人前程的期许。诗句"南风勿赋鹏，即是登云轺"则是对友人的慰藉，也是对自身游离于党争之外的处世态度的表达。此时的米芾，书法已臻化境，诗文创作也进入成熟期，其艺术追求与文人责任感在此诗中交汇。程节回赠的"袖中突兀龙蛇出，聊慰天涯久寂寥"，则以书法笔势喻诗情，形成诗与书的互动，凸显宋代文人"诗书画一体"的审美追求。

　　米芾晚年的书法已脱早年"集古字"之形，形成"八面出锋"的独特风格。《米芾程节赠答诗》碑用笔爽利，中锋转换精妙，结字欹侧灵动，章法通过字距变化打破单调，墨色浓淡相宜，飞白处更显苍劲。相较于他早年题刻的朴拙（如伏波山"米黻"题名），此碑展现了"既老始成家"的成熟书风，堪称宋代行书的典范。

　　《米芾程节赠答诗》碑完整呈现了米芾、程节、李彦弼三人的互动，是宋代文人交游网络的有力实证。米芾以诗为媒联结南北，程节以和诗回应，李彦弼则担任传播者。这种通过诗文构建社会关系的互动模式，与苏轼、黄庭坚等人的酬唱共同构成了北宋文人圈的立体图景。这既继承了唐代酬赠诗的社交功能，又发展出更复杂的表达维度——表层为山水赠别，深层则蕴含政治隐喻、艺术切磋与心理疗愈。相较于李白《闻王昌龄左迁龙标遥有此寄》的直抒胸臆，此诗通过隐晦意象与书法表现，展现了宋代酬答诗的含蓄性与多维性。米芾虽未直接卷入新旧党争，但其友人多受波及。因此，此诗的创作与传播，反映了中下层文人在政治动荡中的生存策略——以艺术创作超越现实困境。程节的和诗中"清风来拂瘴烟消"，既是对米芾诗意的呼应，又暗含对贬谪境遇的自我宽解，是对党争的侧面折射。总之，《米芾程节赠答诗》碑犹如一面跨越千年的文化棱镜，折射出北宋文人的精神世界、艺术追求与生存智慧，其诞生于政治与艺术的张力之间，完成于诗书合璧的创作实践之中，最终在石刻的永恒中完成文化意义的升华。

一段跨越时空的文化邂逅
——黄庭坚行书《五君咏》

清道光十六年（1836）深秋，桂林独秀峰下，时任广西巡抚的梁章钜在巡视城防时偶然发现一处被藤蔓遮蔽的石壁。拨开杂草，一方斑驳的碑刻赫然显现——黄庭坚行书《五君咏》。这位以金石鉴赏闻名的学者当即命人拓印数份，分赠京师同好。

《五君咏》碑高约2米，宽1.5米，青石质地，因常年受雨水侵蚀，部分字迹已漫漶不清，但主体部分保存完好，特别是"龙性谁能驯"五字笔力遒劲，气势磅礴。经考证，此碑刻于北宋崇宁三年（1104），正值黄庭坚被贬谪宜州途中。他在桂林逗留月余，应地方士绅之请，以行书重书南朝颜延之《五君咏》，镌刻于独秀峰下。这块碑刻的发现，不仅填补了黄庭坚晚年书法作品的空白，更揭示了一段跨越七百年的文化因缘。颜延之曾在桂林独秀峰下"读书岩"隐居，黄庭坚则因党争被贬谪广西，两位文人的命运在山水间交织。

黄庭坚自幼聪慧过人，七岁能作诗，二十出头便高中进士。在汴京（今河南开封）太学读书时，他常常穿着粗布衣裳，把朝

● 宋黄庭坚《五君咏》

廷发放的华服分给寒门同窗。有一次,苏轼见到他的诗作,惊叹其人才如精金美玉,终将光耀天下!但是,这位天才的人生却像过山车般跌宕起伏。宋哲宗绍圣二年(1095),他因参与编修《神宗实录》被诬陷诽谤先帝,被贬至四川彭水。在荒僻的黔州,他自建摩围阁,白天种菜养鸡,夜晚就着松明灯读书写字。当地百姓常看到这位大文豪头戴竹笠,在田间与老农讨论农事,完全不像遭贬的官员。宋徽宗崇宁三年,年近花甲的黄庭坚再次被贬广西宜州。途经桂林时,他听说颜延之曾在此隐居,特意寻访"读书岩"。当看到岩壁上斑驳的"此地可读书"题字时,这位历经沧桑的老人热泪盈眶——七百年前那位南朝诗人的孤傲身影仿佛就站在面前,这是跨越七百年的心灵共鸣!

让我们把时光倒回到南朝。颜延之这位与谢灵运齐名的诗人，出任始安太守时来到桂林，发现独秀峰下有个天然石洞。他掬起一捧清泉洗净石壁，挥毫写下"此地可读书"五个大字。从此，这个天然书房成了他的精神避难所。元嘉十一年（434），51岁的颜延之因直言进谏被贬永嘉，完成了震撼文坛的《五君咏》。他特意选择"竹林七贤"中坚守气节的阮籍、嵇康、刘伶、阮咸、向秀五人，这种选择凸显了颜延之的价值取向——宁可孤独，不随流俗。他把诗句写得像匕首般锋利，咏嵇康的"鸾翮有时铩，龙性谁能驯"，既是赞美名士风骨，更像是在说自己的倔强——宁可折断翅膀，也不愿向权贵低头。

七百年后，黄庭坚在同一个岩洞里徘徊，用手指描摹着颜延之模糊的字迹。此时，黄庭坚刚刚经历了第五次贬谪，却依然保持着"龙性难驯"的傲骨。当桂林士绅请他题字时，他便毫不犹豫地选择了《五君咏》。崇宁三年秋日的一个午后，独秀峰下搭起了竹棚。60岁的黄庭坚手握狼毫，在宣纸上写下第一个字。围观的人群惊讶地发现，这位清瘦的老人一旦提笔，浑身便散发出凛然之气。他的行书如蛟龙出海，中宫收紧的字体仿佛绷紧的弓弦，"龙性谁能驯"的最后一笔突然发力，墨汁四溅，在宣纸上画出一道凌厉的弧线。这种独特的"辐射体"书法正是黄庭坚独创的风格。

《五君咏》碑刻的发现，不仅丰富了桂林的文化底蕴，更揭示了中国古代文人的精神传承。颜延之在桂林留下"读书岩"，黄庭坚途经广西的足迹，加上梁章钜发现的碑刻，共同构筑了这座城市的文化记忆。这块碑刻的艺术价值,则在于诗与书的完美结合。黄庭坚的行书风格,既继承了王羲之的飘逸,又融入了自己的创新。他在书写时特别注重笔画的提按变化,墨色浓淡交错,仿佛诗句中的情感起伏。碑刻中"鸾翮有时铩,龙性谁能驯"一句字形舒展,笔势连绵,恰似鸾鸟展翅、蛟龙腾空;而"刘伶善闭关,怀情灭闻见"一句则笔画收敛,墨色凝重,传达出隐士的孤寂与超脱。黄庭坚笃信佛教,书法中融入禅宗"顿悟"之气。他在书写时常常"心手双畅",让笔墨自然流露。这种创作状态,与颜延之"以诗明志"的精神追求不谋而合。

这块碑刻如同一座桥梁,连接了颜延之的诗魂与黄庭坚的笔墨,也串联起中国古代文人的风骨与理想。它提醒我们:真正的艺术从不因时间而褪色,反而在历史长河中愈显璀璨。今天,当我们在独秀峰下的博物馆展窗前凝视这块历经千年风霜的碑刻时,仿佛能听见黄庭坚挥毫时的呼吸声,感受到颜延之吟诗时的悲愤。在这块碑刻中,我们看到的不仅是艺术的辉煌,更是精神的永恒。

大诗人陆游的广西印记
——桂林象山杜思恭刻《陆游诗札》

陆游（1125—1210），字务观，号放翁，浙江绍兴人，进士出身，官至宝章阁待制。南宋时期，陆游是热门人物，在文学、史学、书法方面造诣很深。陆游与杨万里、范成大、尤袤一起并称"中兴四大诗人"，他一生所作诗歌10000多首，存世9600多首。史学方面，陆游一生历经南宋大半个时代，见证宋高宗、孝宗、光宗、宁宗时期的事迹，曾受命编纂孝宗、光宗《两朝实录》和《三朝史》，自己还有独家著作《南唐史》。但无论是在中央还是地方任职，陆游都是人微言轻，且很少能有机会参与军务。纵观陆游的一生，陆游只有宋孝宗乾道七年（1171）去王炎的南郑幕府期间，曾外出巡视大散关、武休关、仙人关，感受了边疆的军旅生活，却也只是待了仅仅八个月，旋即因虞允文病逝而遭主和派排挤。

杜思恭，生卒年不详，字敬叔，浙江绍兴人，进士出身，历任潮州、吉州司法参军，官至知平乐县。他和陆游都是绍兴人，早年相识，关系密切，且一生遭遇颇为类似。金军南下，南宋

● 宋陆游《诗札》之一

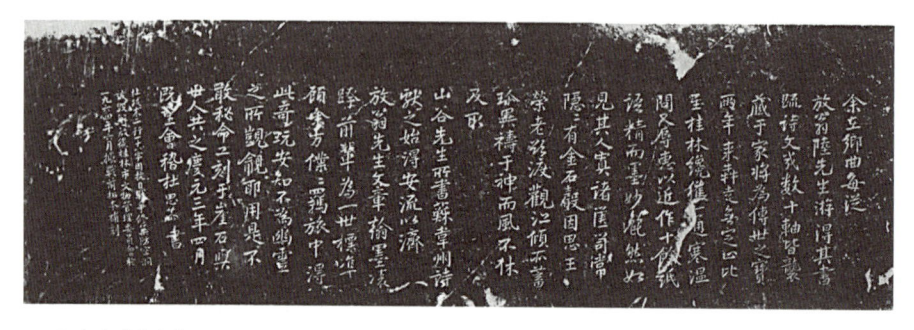

● 宋陆游《诗札》之二

朝廷官场相互倾轧，在重文轻武的国策下，赵宋王朝不断对金国妥协让步，乃至称臣纳贡。他与陆游均反对妥协，也反对盲目北伐，而是希望借鉴历史经验，稳扎稳打，逐步收复中原，因而屡次遭到主和派秦桧、汤思退等人的排挤打击，仕途并不顺利。杜思恭努力一生，也不过官至知平乐县。同样的目标，同样的追求，同样的遭遇，让他和老乡陆游惺惺相惜。陆游一生从未到过广西，却与广西结下不解之缘，因为杜思恭而在广西留下了深深的印记。

桂林象鼻山景区闻名天下，不仅因其山美、水美、人美，也因其蕴含的深厚文化底蕴。象鼻山水月洞内现存石刻50多件，主要集中在宋代，《陆游诗札》无疑是其中的镇洞之宝。陆游从未来过广西，为何他的作品会留在水月洞里面呢？

宋宁宗庆元三年（1197），杜思恭被任命为知平乐县，准备从绍兴出发，前往桂林任职。杜思恭很喜欢好朋友陆游的诗词，而自己又即将远离家乡去外地工作，不知何年何月才能归来，故而让陆游赠送他一些诗词作为日常的怀念。陆游答应了杜思恭的请求，为他写了7首诗词并附带一封信札。这七首诗词分别是《自警》《读李泌事有感》《闲趣》《白首》《太古》《舟中戏书》《春近》。杜思恭来到平乐后，担心自己因工作调动在各地奔波，可能会不慎将陆游赠送的诗词弄丢，故而在征得陆游同意后，将其刻在象鼻山水月洞中。《陆游诗札》石刻共四幅，各高一尺，宽二尺五寸至三尺，字体为行草书，行文龙飞凤舞，飘逸而又雄劲，艺术感很强。杜思恭将这位远在家乡绍兴的朋友的作品带到了广西桂林象鼻山。

陆游的一生，不是在策划北伐，就是在激励别人北伐的路上，诗词中所透露出的强烈的家国情怀溢于言表。陆游赠送给杜思恭的七首诗词寓意深远，既是对朋友敬求诗词的馈赠，也是对自己一生不得志的诉说，是爱国情感的真实抒发和流露，展现出自己对北伐中原、收复失地的期待，更是对后人有朝一日能恢复中原的寄托，表达了对朝廷当权主和派的不满，以及对轻率北伐的批判。《白首》一诗中的"玉关青海今安在？麦野桑村送此生"，《舟

● 宋陆游《诗札》之三

中戏书》一诗中的"平生万事付之天，百折犹能气浩然"，诗句明白晓畅，雄浑奔放，让人读罢为之动容，使人精神振奋、斗志昂扬。《闲趣》一诗中的"岂惟自得闲中趣，要遣儿孙世作农"，同样洋溢着拳拳爱国之心。

当然，最能体现陆游家国情怀以及自身经历的当属《读李泌事有感》："莘渭当时已误来，商山芝老更堪哀。人生若要常无事，两颗梨须手自煨。"陆游的这首诗无形中诉说着南宋的辛酸，以及自己英雄不得志的痛苦。他把自己比喻为李泌，也希望更多

● 宋陆游《诗札》之四

的忠义之士成为李泌，承担起中兴宋朝的历史重任。李泌，唐朝宰相，古代十大谋士之一，他超强的战略眼光与顶级的策划能力堪称一绝。安史之乱时，李泌作为唐肃宗与广平王李俶的首席智囊，提出平定安史之乱的作战计划，并说自己有把握两年内彻底平定安史之乱而不留下隐患。李泌认为，虽然安禄山、史思明并非雄主，胸无大志，且叛军内部矛盾众多，但叛军精兵悍将众多，不能急于求成。李泌告诉唐肃宗不要急于收复长安、洛阳两京，而要以消灭叛军有生力量为主，可惜唐肃宗不能坚持下去。唐肃宗急于收复两京，虽说一度进展顺利，也收复了长安、洛阳，但叛军主力尚在，且史思明降而复叛，终于酿成相州之战惨败、洛阳沦陷的后果。杜甫的《石壕吏》就是在这个背景下创作的。李泌的战略眼光可谓一流，可惜的是唐肃宗太过着急。唐德宗时期，李泌献策围剿吐蕃，与回纥结盟，得到采纳，困扰唐朝一百多年的问题基本解决。李泌早年被奸相李林甫排挤打击，中年时期唐肃宗不能采纳其意见，晚年方功成名就。

陆游早年被秦桧打击，中年时期献策北伐不被采纳，晚年如何呢？他自己也很想成为李泌，实现一生的追求，可惜晚年很悲凉。他将自己比喻为李泌，用唐朝平定安史之乱的失策映射孝宗隆兴元年（1163）的北伐失败。高宗绍兴三十二年（1162），宋高宗赵构禅位，宋孝宗赵昚继位，励精图治，对金国发起进攻，开启了隆兴北伐。陆游得知朝廷北伐后异常兴奋，提出北伐策略，希望稳扎稳打，不要急于求成，也建议主帅张浚不要轻敌冒进，但是最终其建议没被采纳。隆兴北伐起初很顺利，但随后在仆散忠义、纥石烈志宁的反击下失败，数万大军在符离覆没，南宋被迫签署隆兴和议。陆游希望南宋朝廷北伐，更希望他们谨慎北伐，不要轻易用兵。陆游写这七首诗词送给朋友杜思恭时已经73岁，到了垂暮之年，而金国还处在"大定之治""明昌之治"中，虽北伐并非易事，但不能放弃，要学会等待时机。刻在水月洞的《陆游诗札》，既是对忠义之士的一种警醒，也是一种劝进，可惜南宋当权者却不懂得这个道理。宋宁宗开禧二年（1206），韩侂胄掌握大权，立誓北伐中原，重用陆游、辛弃疾、叶适等主战派，让陆游信心大增。陆游此时已经81岁了，丞相韩侂胄还没忘记他，老骥伏枥，志在千里，但结果又是一场空。韩侂胄志大才疏，开禧北伐变成金国的泰和南征，南宋被迫签署嘉定和议，比隆兴和议更加屈辱。辛弃疾的"元嘉草草，封狼居胥，赢得仓皇北顾"，道出了北伐的悲哀。陆游得知北伐失败，南宋朝廷签订嘉定和议后，忧愤成疾，病逝前写下了《示儿》诗句："王师北定中原日，家祭无忘告乃翁。"陆游从未放弃收复中原的理想，死前仍在期待后人帮助他完成心愿。

宋代名将狄青在广西
——狄青《平蛮三将题名》

狄青（1008—1057），字汉臣，北宋名将。他出身贫寒，因代兄受过，被"逮罪入京，窜名赤籍"，开始了他的军旅生涯。宋仁宗宝元年间，西夏李元昊起兵，宋廷下诏挑选勇士戍边，狄青以下级武官身份亲赴西北前线。狄青骁勇善战，长于用兵，治军严谨，屡立奇功，逐渐获得升迁，历泾原路副都总管、经略招讨副使，加官捧日天武四厢都指挥使、惠州团练使等。宋仁宗皇祐四年（1052），狄青因功勋彪炳，由彰化军节度使、知延州升任枢密副使，跻身执政大臣之列。平定广源州侬智高叛乱后，狄青升任枢密使，达到其政治生涯的顶峰。宋仁宗嘉祐元年（1056），京师暴雨积成大水，狄青为避水举家迁至大相国寺，竟在佛殿上居住。民情对此颇有议论，朝廷借此罢免其枢密使职务，降为同中书门下平章事，出判陈州。次年，狄青因胡须部位长疽而卒。宋仁宗在禁苑中为他举哀，追赠中书令，赐谥"武襄"。北宋政治家欧阳修非常赞赏狄青的军事才干。元末丞相脱脱主持修撰的《宋史》对狄青也不吝赞美之词。

狄青与广西的关系，因平定侬智高起义而产生。

侬智高（1025—1055），北宋时期羁縻傥犹州（今广西靖西）人，成年后与其父长期活动在广源州。广源州在邕州（州治在今广西南宁）西南，是郁江之源，也是邕州所辖44个羁縻州之一。该州物产富庶，尤以金矿为最。宋朝初年，交趾（今越南）自立为国后，广源州作为邕管观察使下属的西羁縻州，其实服役于交趾，但因交趾赋敛无度，广源州人苦之。侬智高作为北宋广源州蛮人首领，于宋仁宗庆历元年（1041）建立"大历国"，与交趾李朝相抗衡。同时，侬智高向宋朝请求内附，求获一职以统摄诸部抗击交趾掠夺。遭到宋廷拒绝后，侬智高遂在家乡安德州（今广西靖西）建立"南天国"，称仁惠皇帝，定年号为景瑞。他多次击退交趾入侵，却因再三请求归附宋朝未果，遂在万分绝望之际召集部众说："今吾既得罪于交趾，中国又不我纳，无所容，止有反耳！"

皇祐四年四月，侬智高举兵反宋；五月，攻破邕州，改国号为大南国，年号启历，挥师东进并围困广州，接连重创宋军，引起朝野震动，朝廷遂派枢密副使狄青率兵征讨。次年正月，侬智高败于狄青，后流亡大理。关于侬智高的最后结局，不同历史文献说法各异，有记载其被大理所杀，也有记载他流亡大理后不知所终。虽然对侬智高最后结局的记载有所差异，但可以肯定的是，在狄青的精准打击下，侬智高的叛乱势力最终土崩瓦解，影响日渐消弭，中国西南边疆再次趋于稳定。

《平蛮三将题名》碑镌刻于桂林市月牙山龙隐洞的石壁上。

● 宋《平蛮三将题名》（桂海碑林博物馆提供）

碑高367厘米，宽235厘米；额横列、篆书，字径30厘米；正文竖列、楷书，字径6.7厘米（注双行，字径约3厘米）；落款楷书，字径3.3厘米。《平蛮三将题名》碑全文共804字，碑文基本保存完好，字迹清晰可辨，主要记载了北宋皇祐五年（1053），宋军在将领狄青、孙沔、余靖等人带领下奇袭昆仑关、激战归仁铺，打败侬智高使之仓皇逃往大理的历史事件。宋军班师返回桂林，狄青把参战的将官三十多人的姓名刻石树碑。碑文对战后在地方的善后政策，以及对立功将士的加官晋爵、论功行赏之事均有所记述，体现了朝廷体恤民情、关注民生之意与赏罚分明的制度。《平蛮三将题名》碑记述了当时西南边境风云的全过程，是对狄青等人维护祖国统一和边疆安宁的重大贡献的历史见证。

宋代也有"张九龄"
——桂林铁封山《余靖大宋平蛮碑》《余靖贾师熊等八人题名碑》

继唐代著名的"风度宰相"张九龄之后,北宋时期的岭南地区也出现了一位以"风采"流芳百世的历史文化名人,他就是被后人称为"异代九龄"的余靖。

余靖(1000—1064),本名希古,字安道,号武溪,韶州曲江(今广东省韶关市曲江区)人,是张九龄的后代同乡,也是北宋著名的政治家、文学家、外交家、思想家。宋仁宗天圣二年(1024)中进士,起于赣县尉,此后凭借功绩、德行与才干多次升迁。宋仁宗时期,余靖历任将作监丞、知新建县、集贤校理、知桂州、广南东路经略安抚使、广西体量安抚使等职,并曾以尚书左丞知广州。宋英宗即位后,他升任工部尚书,在赴京途中,病逝于江宁(今江苏南京),享年65岁,追赠刑部尚书,谥号"襄",因而又被尊称为"余忠襄公"。

余靖一生为国尽忠竭智,建言献策,抚民治吏,三使契丹,两平蛮寇,业绩与风采均被世人称道。余靖博学多才,在经济、民生、军事等方面均有建树，兼具出色的政绩、深厚的学问与杰出的才干。他在担任谏官期间不避权贵，敢于抨击时政，勇于犯颜直谏，其刚直不屈、勇于进谏的事迹广为传颂，与欧阳修、王素、蔡襄一起被誉为朝廷敢于进谏的"四谏"，还与范仲淹、欧阳修、尹洙被尊称为北宋"四贤"。宋仁宗为他御笔亲题："风采第一，广南定乱，经略无双。"余氏后人遂以"风采"为家族堂号，其品德和事迹在海内外广为传扬。

《大宋平蛮碑》是余靖于宋仁宗皇祐五年（1053）撰文，刻于广西桂林铁封山镇南峰西面半山石壁。额篆书汉字，每字径9寸；正文楷书汉字，每字径2寸。该碑虽然字大刻深，但仍经不起长年风化的破坏，现存刻痕已经变得很浅，只有寥寥数字可以看清。值得庆幸的是，整体石碑保存完好，除原碑实物仍在原处外，碑文收载于《桂林石刻》一书中。从内容来说，主要记述了宋仁宗皇祐四年（1052）四月侬智高在安德州（今靖西县安德镇）起兵，余靖、孙沔、狄青等一批宋朝将领受命领兵前去镇压的始末。特别是突出描写了狄青用兵的神鬼莫测与宋军的英勇善战，虽然存在为宋军歌功颂德之嫌，但也确实反映了侬智高起兵事件的一些史实，为研究北宋时期的边疆治理史和广西地区的民族史提供了宝贵资料。

《余靖贾师熊等八人题名碑》位于桂林月牙山龙隐岩，刻于宋仁宗嘉祐五年（1060），楷书，石刻高109厘米，宽56厘米。宋仁宗嘉祐五年六月，交趾甲峒边民申绍泰率众侵犯邕州西平（今广西凭祥、宁明、龙州、大新等县境内），宋军巡检宋士尧等自卫反击，死五巡检。事件上奏到朝廷后，宋仁宗因余靖熟知两广事宜，特授其为广西体量安抚使。于是，余靖马上抽调武官邵州知州贾师熊为副手，率其所管辖的荆湖路兵马南下征剿。余靖抵达邕州（今广西南宁）后，先派遣信使到交趾交涉，交趾边境肇事官员费嘉佑被带到余靖帐下。费嘉佑被军容整肃、阵势威武的宋军所震慑，承认错误并保证边民如有再犯，定斩不赦。余靖采取了"上兵伐谋"的策略，不费一兵一卒便退却敌兵，有效维护了边疆安宁。在扑灭了这次边境烟火后，余靖来到桂林整修，其间与众官员尽情游览龙隐诸洞，由此留下这件题名碑刻。

宋朝吸取唐末以来军人弄权、武将跋扈的历史教训，采取重文抑武的国策。余靖以文臣对武将之成见，多次奏论狄青一介武夫刚愎自用、不堪大任。侬智高起兵后，朝廷派遣狄青为主帅，余靖辅助，共同平定了这次动乱。战争初期，余靖作为统帅时，迭遭败绩，而狄青在担任主帅后夜袭昆仑关、激战归仁铺，一举败敌。经过平定侬智高叛乱之役，余靖被狄青高尚的品德和杰出的军事才干所折服，彻底改变了对狄青的看法。所以，他在《大宋平蛮碑》中大力称颂狄青的军事胜利。不仅如此，余靖还在狄青去世后接受狄青之子狄谘的恳请，为狄青撰写墓志铭，对狄青赞颂备至。

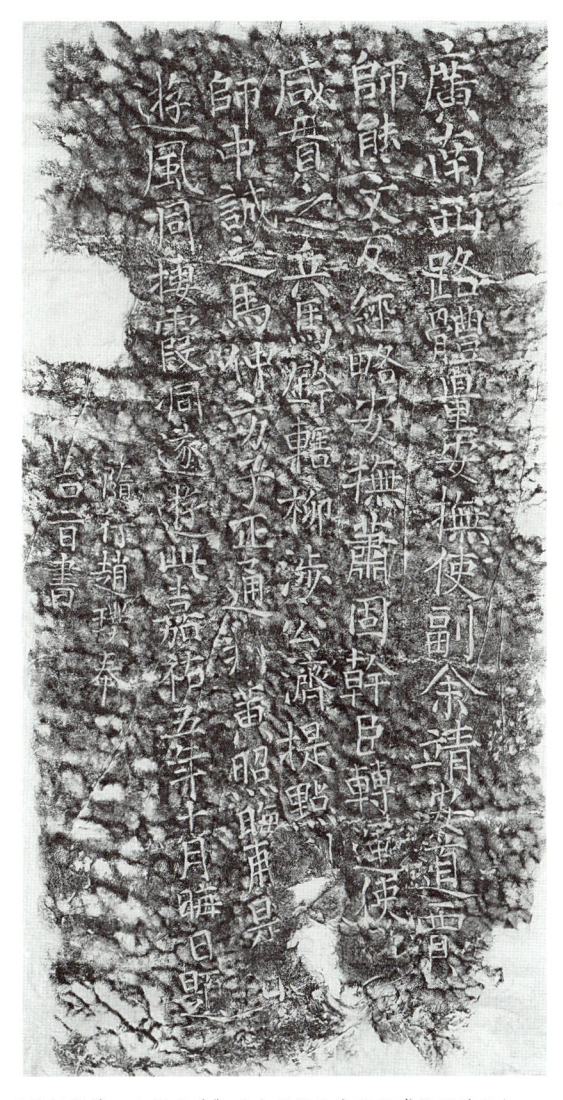

● 宋《余靖贾师熊等八人题名碑》（广西壮族自治区博物馆藏品）

"桂林山水甲天下"
——《王正功诗碑》

桂林是一座典型的旅游城市，其旅游业有今日之盛，"桂林山水甲天下"可谓厥功至伟。吴迈、郭沫若、贺敬之等近现代文人作品中屡屡出现"桂林山水甲天下"的诗句。有人发现，宋理宗宝祐六年（1258），广南制置使兼静江府知府的李曾伯，在其《重修湘南楼记》一文中写下了"桂林山川甲天下"的句子。清光绪八年（1882），广西巡抚金武祥写了一首《遍游桂林山岩》，把李曾伯的"桂林山川甲天下"中的"山川"改为"山水"。因此，"桂林山水甲天下"的出处，从清末到20世纪80年代，学术界一直争论不休。有人说源于李曾伯，也有人说它来自金武祥。直到有一天，一块石碑的出现才终结了这场争论。

1983年，桂林市文物工作者杨寅生、胡湘武对独秀峰石刻进行全面调查清理，发现读书岩洞口岩壁上的一片野草下方似有裂痕，与石壁并不为一体。于是，他们轻轻地掀开了那层腐殖层，竟然意外发现了一块自明清以来就没有被人发现的摩崖石刻！当他们将石壁清理干净，再用娴熟的技术拓印后发现，碑上的两首

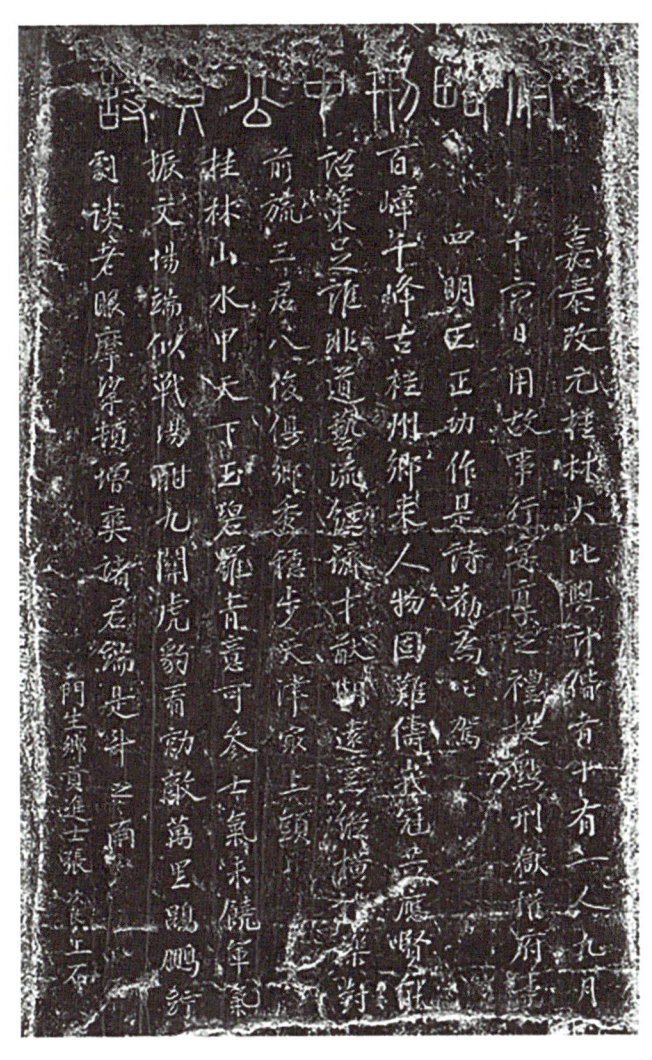

● 宋王正功题鹿鸣宴诗。南宋嘉泰元年（1201）刻。位于桂林市独秀峰读书岩洞口摩崖上。行书。

诗中一字不差地刻有"桂林山水甲天下"的句子，作者是南宋庆元、嘉泰年间担任过广南西路提点刑狱的鄞县（今浙江宁波）人王正功，被历史的尘埃湮没了近八百年的名句终于重见天日。

历史上有感于桂林山水而自发吟咏的诗人很多。开发独秀峰读书岩的南朝人颜延之，曾吟出"未若独秀者，峨峨郛邑间"。独秀峰是位于桂林市中心的孤峰，平地而起，直指苍穹，既是桂林中轴线之所在，也是桂林城的"王气"和"文气"汇集之处。自唐朝起，独秀峰读书岩两侧便设有学校。宋代时桂林文教场所转移别处，但独秀峰及其周边仍是桂林的文化中心，文人雅士仍热衷到此游览追怀，桂林府治亦设于峰前。

王正功这两首劝驾诗，主题并不是咏叹桂林山水，而是"劝驾"，即劝人任职或做某事，是中国古代官员礼贤下士之举。劝，有勉励的意思；驾，指推荐人才，愿亲自驾车相送至京师之意。王正功在诗序中说他作为郡守，对辖地能出11位举人感到非常高兴，遂特依例设鹿鸣宴。王正功以"桂林山水甲天下"作比，希望新科举人可以继续鳌头独占，如鲲鹏展翅闯出广阔天地，并勉励他们来年去京师参加殿试，夺取功名。两首诗大量运用典故，几乎字字有来历。这是宋时"以议论为诗""以才学为诗"的生动体现，表现出宋诗以意胜、重在说理、生新瘦硬的风格。有了"桂林山水甲天下"这一千古绝句，两首劝驾诗和他的作者王正功就足以传之不朽了。

宋宁宗庆元六年（1200），王正功到桂林担任广南西路提点刑狱权知府事，掌管广西辖区内司法、刑狱，负责复查有关文牍，上报朝廷，举劾有关人员，监察地方官吏，等等。任职期间，他忠于职守，秉公执法。兴安县曾发生一起命案，县令的儿子将得罪他的一名小官员打死，县令徇私包庇儿子。王正功接报后，立即将县令儿子逮捕，为防串供，还将案犯送到邻县交押。王正功因此得罪了兴安县令，县令串通以前被王正功弹劾过的一些贪官污吏，诬告王正功，导致王正功被罢官。虽然后来案情大白，王正功却因为年事已高，无法官复原职。随后，他去福建武夷山当了一名庙祝。宋宁宗嘉泰三年（1203），他在武夷山辞世，享年71岁。

据记载，王正功离开他无限眷恋的桂林时，曾对着部属和友人赋诗一首，抒发他的离情别绪："绝知官里少夷途，始信闲中无窘步。人生如此信可乐，谁向康庄塞归路。共醉生前有限杯，浇我胸中今与古。早知富贵如浮云，三叹归田不能赋。"与其同游的王思勤等人归来后，将此诗刻于桂林月牙山龙隐岩，至今仍在。诗句中饱含王正功对桂林的无限眷恋，碑文穿越800多年的历史与我们相遇。最早吟出"桂林山水甲天下"的人早已离去，如今一辈又一辈的后人接续建设，让"桂林山水甲天下"继续成为桂林城最好的宣传语。

元顺帝在桂林与元朝国家治理
——李震孙《广西道平蛮记》

南宋理宗宝祐六年（1258），蒙哥汗整合内部资源后兵分三路攻打南宋：西路主帅兀良合台，从云南出发进入广西，迂回包抄南宋；东路主帅塔察儿，后换成忽必烈（即后来的元世祖），攻打荆州、襄阳、鄂州；蒙哥汗亲率中路主力攻打四川，力求控制上游，取得"居高临下"的战略优势。兀良合台进入广西后，在老苍关、贵县、桂平、桂林等地遭遇顽强阻击，宋军西江水师与之血战，蒙古骑兵损失不少，兀良合台攻克桂林后只好进入湖南。南宋恭帝德祐二年（1276），伯颜率领元军抵达南宋都城临安（今浙江杭州），谢太后、宋恭帝出城投降，但各地南宋余部仍继续抵抗，镇守桂林的马塈、邕州（今广西南宁）的娄钤辖就是其中代表。马塈、娄钤辖坚守城市，与负责追击南宋余部的元军主帅阿里海牙激战，即便城池陷落也不投降，血战到最后一刻方才自焚而死。元军付出巨大代价才勉强攻克桂林、南宁，广西的抵抗可谓非常激烈。

除了灭宋的血战外，桂林和元朝的渊源与元顺帝密不可分。

忽必烈建立的元朝具有草原帝国、中原帝国双重色彩，皇位继承方式较为混乱，草原传统的"幼子守灶"与中原传统的"嫡长子继承制"两种模式长期斗争，导致朝政一片混乱。元顺帝的父亲和世㻋（即元明宗）在皇位斗争中失败，被迫流亡西域，投靠察合台汗国，元顺帝就是在西域出生。两都之战后，和世㻋从西域回国，半路暴毙而亡，他与弟弟元文宗之间的纠葛成为一个谜。元文宗时期，权臣燕帖木儿把持朝政。燕帖木儿担心元顺帝有朝一日继位，对自己构成威胁，便将他流放到朝鲜半岛；后又担心他与东道诸侯王勾结，很快又把他流放到桂林，此时的元顺帝才12岁。元至顺二年（1331），元顺帝最终来到桂林静江府，远离了权力斗争中心，生活也总算是稳定下来，开启了平静的桂林生活。在桂林他开始学习各种儒家经典，聘请当地名流为自己授课，学习帝王治国之道。可以说，桂林对元顺帝而言有特殊意义，桂林也留下了关于元顺帝的石刻与故事。

至顺四年（1333）春，元顺帝北上，离开了生活将近两年的桂林。六月，他在上都登基，是元朝在位时间最长的皇帝，直到至正二十八年（1368）被徐达、常遇春率领的明军驱赶出大都，共当了34年的中原皇帝，在北归草原后又活了两年。元顺帝登基后，广西出现动乱，元朝陷入被动。广西动乱主要是当地的豪酋、土司起义，义军不但袭击了桂林城，而且还多次从全州攻入湖南，对元朝的湖广行省造成较大压力。于是，为了巩固权力，也为了塑造新皇帝的合法性，元顺帝决定出兵广西，并安抚广西民众，以在体现帝王威严的同时彰显皇恩浩荡。元统二年（1334），元军以撒竹兀歹为主帅，从云贵、湖广调兵，分三路进军广西，遭遇义军顽强抵抗。但是，因广西各起义军首领互不统属、各自为战，元顺帝遂采取剿抚兼施策略将其各个击破。平定叛乱后，元顺帝为了树立帝王形象，下旨开放府库，赈济遭遇兵乱的百姓，抚恤受伤的士兵。同时，他还让时任桂林静江路儒学教授的福建莆田人李震孙书写了《广西道平蛮记》，将元军平定广西道起义的原因、经过、影响等记录下来，并雕刻在桂林独秀峰崖壁上。

《广西道平蛮记》石刻位于桂林独秀峰，高226厘米，宽173厘米，正书，字径5厘米，拓本被收录在《中国西南地区历代石刻汇编》第十一卷《广西桂林卷》中。该石刻雕刻于元统二年，碑文由李震孙书写，亚中大夫同知广西两江道宣慰使司事副都元帅田忽都不花篆额。碑文主要讲述了元顺帝派兵平定广西起义的经过，目的是歌颂帝王恩德，将其刻在独秀峰以便让后人铭记。从碑末署名者可见，参与《广西道平蛮记》石刻制作的群体囊括了当时广西政界、军界、文化界以及地方有名望的乡绅、宗族父老等人，元朝政府对石刻可谓十分重视。在《广西道平蛮记》的行文最后，负责桂林教育事业的儒学教授李震孙附上一首诗，赞颂此次平蛮业绩。

《广西道平蛮记》所透露出的是元朝治理边疆面临的困境。对元朝政府而言，如何维护西南边疆民族地区的安定是绕不开的话题。秦始皇灭六国完成统一以来，历代中央政府大多以"羁縻制度"推进对包括岭南之地在内的边疆治理，以换取他们对中原王朝的承认与支持。忽必烈建立元朝后，在唐宋的基础上进行了

● 元《广西道平蛮记》(桂海碑林博物馆提供)

变革，尤其是对地方和边疆地区的管理更加严格，把内地的行省郡县制模式进一步推广到边疆民族地区，试图以此加强中央集权、维护国家统一。元朝时期，广西属于湖广行省，设置广西两江道宣慰司，由中央政府派官员进行管理，在一定程度上削弱了当地豪酋的权力，将治理权从地方转移到中央，但也引发了新的问题。元朝兼具草原帝国、中原帝国两种模式，但处理军国政务时对蒙古人多有偏袒。朝廷对边疆采取内地化模式，让蒙古人去担任达鲁花赤，管理地方的民政、财政，但达鲁花赤长官文化水平相对较低，行为大多简单粗暴，在处理地方社会、民族关系时缺乏手腕，他们一味强调军事征讨，结果适得其反，让本就激烈的中央与地方的矛盾更加白热化。在西南方向，元朝皇帝有开疆拓土的雄心壮志，又因边境纠纷，多次远征安南、缅甸，还一度远征爪哇，不可避免地对广西的徭役、兵役过度征发，使经济发展水平本就不高的广西更加难以负担，引发民怨沸腾，当地起义也就随着时间的推移而无法避免。

广西豪酋起义在元顺帝登基后不久就出现，更能说明元朝边疆治理面临的困境。唐宋时期中央政府多对岭南地区采取"羁縻制度"，安抚少数民族首领，承认他们的政治特权，而元朝却大力推行边疆、内地一体化模式，削弱了当地豪酋的影响力，加上元朝自身内部矛盾的积累，朝廷与边疆的冲突越来越激烈。从国家治理角度看，边疆与内地一体化是主流，因地制宜是补充。至正二十八年，元朝灭亡，明朝建立，朱元璋继续沿用元朝政策，推行内地、边疆一体化模式。到明朝中期，朝廷又适当进行"改土归流",逐渐取消了部分土司首领的世袭特权,也对西南边疆地区多次用兵。清顺治元年(1644),清军入关后延续元、明两朝做法,最终在雍正时期通过大规模"改土归流",基本完成了边疆地区的内地化模式治理,极大巩固了统一多民族国家,也奠定了中国基本的疆域版图。从这个角度看,《广西道平蛮记》在道出元朝边疆治理的困境的同时,也为后世完善国家边疆治理体系和提高治理能力提供了历史经验。

桂林古城墙的无言诉说
——杨子春《碑阴记》

桂林保存至今的城墙始建于南宋末年，经元末重修，明清不断修缮。700多年中，城墙历经宋末、元末、明末、清末多次战乱，以及日军入侵等多次战争，在保卫桂林城的过程中发挥了巨大作用。南宋末年，为抵御南下的蒙古大军，宋理宗宝祐六年（1258）至宋度宗咸淳八年（1272），广南制置使李曾伯、广西经略安抚使朱禩孙、赵与霖、胡颖以接力的方式，投入大量人力物力，先后对静江府城池进行了修筑和扩建，当时的城墙主要以条石为基础，城砖覆面，上部筑女墙和凸字形的垛墙。

宋端宗景炎元年（1276），阿里海牙率蒙古大军南下，以马墍为首的南宋守军据城御敌，力战三个月，经历百余战，静江府城终告失守。此后不到一百年的时间，元朝风雨飘摇。由刘福通、韩山童、徐寿辉等领导的元末农民大起义爆发，起义军头裹红巾，故称"红巾军"。这次起义首发于江淮，很快蔓延到全国各地，各行省或陷落或告急，华夏烽烟四起，大元四顾不暇，农民起义的烈火很快逼近了岭南。元至正十一年（1351），时任广西道肃政廉访副使的也儿吉尼作为镇守岭南一隅的军政首领，在"贼入湘南，岭表震动"的危急时刻，临危不乱，召开军事会议商讨应对之策。为保桂林稳定，也儿吉尼以其高瞻远瞩的军事战略眼光，力主先敌出兵，歼红巾军于岭北。随后，元军主力出岭南、战全道，平定临桂东乡及贺州一带，广西始定。也儿吉尼铁腕治桂，军功累累，以军功升任湖广行省平章政事，兼广西道肃政廉访使。他灭敌于千里之外，退红巾解一时之危。为防患于未然，后方筑城之事益急。从桂林地方史志可知，也儿吉尼守桂林，历经乱世而保其平安，其最有影响力的功绩不是军功，而是重修桂林城墙。出于备战需要，他提议整修桂林的宋代所筑城墙，认为"高筑墙"方为固国之根本、万全之计。而对于桂林邑民来说，桂林有坚城护佑，百姓才得以安居乐业。

元至正十一年，也儿吉尼在宋静江府砖石结构城墙的基础上，开始重修桂林城墙，这是桂林历史上最大规模的以石筑城工程。工程历经五年，于至正十六年（1356）竣工。这次修城将宋城墙的立面城砖全部更换成料石，使之成为更加坚固的石砌城墙。新建石城气势雄奇，傲立岭南，城墙依山傍水而建，设计周密，布局合理。石城以静江路四周环立的山峰为依托，结构完整、功能齐全，形成了城高池深、易守难攻的防御态势。

《广西通志》录有元代清湘县丞杨子春所撰《静江新城碑阴记》，详细记载了修城经过。当年参加修城的军民就有五千余人。城墙自北而东，由南而西，共三千多丈，皆以石材垒砌。

至正二十三年（1363），元廷设立广西行中书省，也儿吉尼

● 元杨子春《碑阴记》（广西壮族自治区博物馆藏品）

被擢升为广西行省平章政事，也就是广西有史以来的第一任"省长"。明洪武元年（1368）六月，朱元璋派杨璟率大军围攻桂林城，大军压境，也儿吉尼据石城死守。但再坚固的石城终究阻挡不了历史的进程，也儿吉尼在城破被俘后押解南京，不屈而成仁。烽烟散去，新城屹立，惟断垣残壁是也儿吉尼创建石城、独保广西十五年的见证。

也儿吉尼修建的桂林石城成为一道伟观，雉堞相望，烟云相连，坚固无比，除了桂林石匠工艺精湛外，还有一个重要原因是这一次修城在粘结材料中加入糯米汁，牢固度大大增加，这也是宋、元筑城在材料使用上最大的区别。此后600多年间，元代的料石城墙未作改变，历经元明清三代无数次城市攻防战，仍巍然屹立。桂林城墙坚如磐石，直至清代仍然发挥着抵御外敌的强大优势。这是桂林城宝贵的、不可复制的历史文化遗产。

抗倭名将俞大猷，广西安边且赋诗
—— 《古田纪事碑》《平古田诗》

世人多知俞大猷为明代抗倭名将，但关于他在广抗击北虏、维护国家安定、治理社会、识人用人等方面的卓越贡献，以及他与广西的历史关系，则鲜为人知。

俞大猷（1504—1580），福建晋江人，字志辅，别号虚江，卒谥"武襄"。嘉靖年间，应举武会试，由原世袭百户改拜领千户，因才干出众，很快晋升为广东都指挥使司。后奉命抗倭，转战于江苏、浙江、福建、广东之间，屡立战功，成为与戚继光齐名的一代抗倭名将。嘉靖二十七年（1548），俞大猷任广东都指挥佥事，恩威并济，平定了广东新兴（今属广东）、恩平（今广东恩平市）二县百姓的动乱。嘉靖二十八年（1549），因镇压琼州（今海南岛）那燕黎族人民起义有功，晋升为参将。嘉靖二十九年（1550）三月，俞大猷任琼州右参将，协助副总兵沈希仪平定了海南黎族的起义。嘉靖四十年（1561）七月，俞大猷任参将，率15000人征讨以张琏为首的农民起义，用计活捉张琏、遣散余党，平息了起义。

嘉靖四十四年（1565），明世宗朱厚熜任命俞大猷为广西总兵官佩征蛮将军印，到广西镇压起义军。他到任后，首先把征剿的重点确定为古田农民起义军，并提出"讨贼二议，用兵三议"等策略。他对古田的地理形势和义军据点进行了周密的调查研究，测绘出详尽的行军路线图，制订完善的征剿计划。隆庆四年（1570），明穆宗朱载垕批准俞大猷的征剿计划，并召集群臣廷议，决定先征古田；同时将原江西按察使殷正茂升任为都察院右佥都御史、巡抚广西，作为征剿广西起义军的总指挥，并从国库拨银4万两作为军费。除征调广西各地官军外，朝廷又征调湖南永顺、保靖等地士兵4万人以及浙江、福建的鸟铳手等，共计14万人，用来围剿农民起义军。从隆庆四年十二月初一开始，14万明军分七路同时向古田推进，企图一举剿灭古田起义军。起义军在首领韦银豹率领下，利用山区有利地形，与数倍于己之敌周旋于深山峡谷和崇山峻岭之中，展开了艰苦卓绝的反征剿大战。为打击明军，他们主动放弃古田县城以诱敌入围。明参将梁高、卢锜领兵入城尚未站稳脚跟，韦银豹率领义军出其不意地杀了回来，官军大败，被迫撤出古田城。但由于力量悬殊，起义军奋战1个多月，最后寡不敌众，被迫退到潮水、马浪、苦累等地的大石山区。隆庆五年（1571）六月，由于叛徒廖东贵出卖，韦银豹被官军所获，被押解至京城杀害，起义军被杀7000余人。韦银豹的7个儿子也先后被官军捕杀。至此，历时100多年的古田农民大起义最终失败。

一般来说，武将打了胜仗后该直接奏报朝廷，论功行赏。但俞大猷与一般的将领不同，他反而奏请朝廷改古田县为永宁州，改三个巡检司为土巡检。"永宁"，顾名思义，指的是永久安宁的意思。他认为古田县要实现长治久安，则须由壮人自己来管理。显然，俞大猷追求的不仅仅是一时战乱的平息，而是社会的长治久安。就如他在平定古田起义后所写的《平古田诗》：

相逢尽问事何如？我亦九夷一度居。
此日但能行笃敬，他时可使户诗书。
柔非刚克功常罔，恩用威施化有余。
开辟千年今再见，却疑天地果无初。

诗的字里行间表达了俞大猷对边民起义要采取怀柔和恩威并用的方式，而针对少数民族地区的社会治理，他主张民族自治，并开设文教，使边民开化、知书达礼，从而实现边疆地区真正的长治久安。事实上，早在嘉靖二十八年，俞大猷在平定五指山黎族起义后，就采取了两项措施：一是使黎人自己管理自己，即选择最有能力、最有威信的人，来管理黎人；二是采取促进黎族进步的措施，移风易俗，通过建城郭、设州县、立君长、兴学校、敷教化、设墟市、通往来，改变陋习。

正是有了海南黎族治理的成功案例，在平定古田起义之后，俞大猷又一次次上书总督、巡抚，请求实施长治久安之策，着力实行这些有助于国家长治久安的政策。俞大猷在长期的征战中，深刻地认识到"民"的重要性，"民"是社会稳定的根基。在边海防上俞大猷组织民众抗倭御虏，是"用民"；在维护社会长治久

● 明俞大猷《古田纪事碑》

安上,他的主张在于"安民"。这在明朝众多的文臣武将中,都是极具见地的施政主张。

明隆庆五年,俞大猷在记录平定韦朝威、韦银豹父子起义的《古田纪事碑》中详细地记录了24位将领的功绩,而且毫不吝啬地表扬了他们的谋划和战斗功劳。由此可见,俞大猷不仅在军事上很讲究事功,还甘当"人梯",给将士出人头地铺路搭桥。他认为"有非常之人,而后有非常之事,有非常之事,而后有非常之功"。在将近五十年的戎马生涯中,俞大猷始终非常爱惜人才。他曾屡次向明朝廷推荐陈第、邓钟、邓城等人。陈第有才华,调河州任职时,锋芒已露;邓钟武科出身,其才学与陈第相颉颃;邓城在闽浙抗倭中屡立战功,因"困于资格",其才能"未得展布",俞大猷对其多次夸奖。

俞大猷的惜才、爱才之心,已溢于言表。在俞大猷看来,对国家来说关键在于用人。原任浙江参将的汤克宽,在抗倭中虽有一时过错,却"素负勇略,年当壮盛"。俞大猷大胆保用汤克宽上前线立功,"如不能立功,偾事,职甘与同罪"。可见,俞大猷不顾个人安危与得失,处处爱人才、推荐人才、保用人才。他爱惜人才,重视人才在军事上的作用,可谓深有见地。

总的来说,俞大猷不仅是一位战场上功勋卓著的将军,也是一位在社会治理上出色的理论家和实干家。俞大猷留下了许多宝贵的军事著作,如《正气堂集》《韬钤续篇》《剑经》等。他的武术思想和兵法理论在中国武术界和军事学界都有着重要的地位。同时,他也是一位优秀的诗人,作品风格豪迈奔放,具有很高的艺术价值。

"硕辅元老"吕调阳
——《吕调阳墓志铭》

在风云变幻的明朝廷中,广西贡献了一位三朝重臣,是明代官职最高的两位广西人之一。他曾为隆庆和万历两位皇帝讲课,深受皇帝的敬重,万历皇帝视其为上宾,每逢宴会时万历皇帝从不直呼其名,始终尊称其为"先生"。在他去世后,万历皇帝甚至还诏告天下"辍朝一日",给予致哀一天的国家级待遇,以表示对他的尊敬和怀念。他就是明嘉靖二十九年(1550)的榜眼,被称为"硕辅元老"的吕调阳。

吕调阳(1516—1580),字和卿,号豫所,谥"文简",广西桂林人,祖籍湖北大冶,为明嘉靖年间翰林院编修吕璋之后。吕调阳自幼聪颖,博览史传,18岁乡试中举。嘉靖二十九年廷试一甲第二名(榜眼),授翰林院编修,任此职达13年。嘉靖四十二年(1563),吕调阳为父母守制结束,重回翰林,任国子监司业。其间曾师从王阳明的弟子、国子监祭酒程文德。隆庆年间,吕调阳先后出任南北两京国子监祭酒,在任期间,十分重视道德教育,承程文德之学教授诸生。传授方法上,他抛弃传统的注入式,代之以启发式。他在教育监生时，尤其注重言传身教，先德而后艺；为穆宗帝讲学时，常引经据典以窥时政，深得朝廷敬重，后升任南京礼部侍郎。

隆庆六年（1572）神宗即位后，他升任礼部尚书，寻拜文渊阁大学士，参与机务，协助内阁首辅张居正进行改革；万历间进少傅，进太子太保，兼吏部尚书。也许正如我们常说的"人如其名"，在明朝廷上吕调阳真能"律吕调阳"，主动调节、应付自如，官至武英殿大学士、内阁次辅等职，历任国子监祭酒、礼部尚书、文渊阁大学士，太子少保、少傅兼太子太傅、吏部尚书，晋建极殿大学士，赠太保，位至一品。在其祖籍地湖北大冶一带流传着"一贤二仙三阁老"的俗语，其中"三阁老"之一指的就是吕调阳。

吕调阳任京官30多年，先后被嘉靖、隆庆、万历三帝重用。在政务上，吕调阳以平和稳重、善于协调政坛矛盾而著称。万历初吕调阳与张居正在内阁合作共事，张居正任首辅，吕调阳任次辅，两人和衷共济，精诚合作，同心辅佐万历皇帝，所谓"计画莫逆于心，莫违于口，六年如一日"。张居正在给吕调阳撰写的《太保吕文简公墓志铭》中，描述吕调阳一生注重自身的道德修养，为人"外温而心辨，中毅而貌和"，评价他外表温和，但是内心坚毅，处事谨慎持重，不轻为可否；为人坚持原则，不苟为异同；为官性情淡泊，不虚图功利。

万历元年（1573），吕调阳以礼部尚书兼文渊阁大学士入内阁参与机务，协助首辅张居正进行改革，凭借质朴忠厚、稳重不争的行事风格，深得神宗器重。神宗尊称其为先生，不直呼其名。因为吕调阳深谙大明朝典章礼仪，进入内阁后，成为国家重大事务的礼仪主持人之一。

明朝嘉靖年间，奸臣严嵩把持朝政，他不但卖官鬻爵、贪污受贿，还大肆结党营私、排除异己。这一时期，吕调阳持正不偏、不胁肩谄媚、不阿谀逢迎。严嵩曾想方设法拉拢他，吕调阳总是真诚地表示感谢，但最后坚持借故推辞不去。

嘉靖末年，奸臣当道，致使文不尽才、武不用命，国势削弱，边防废弛。外敌乘机入侵，东部沿海一带，倭寇流窜，生民涂炭。沿海卫所兵力吃紧，无力应对倭寇来犯。嘉靖死后，穆宗继位，徐阶、张居正等掌权，发力整理边务，起用谭纶、戚继光，练兵蓟州，加强北部防务。但由于东南方向海防线过长，倭寇声东击西，防不胜防。严防死守终究不是办法，还需要寻找可以震慑倭寇之策。

为此，吕调阳遂向张居正、戚继光献破倭寇之策，即令将士持大刀，策铜铃战马，以斩首之法震慑倭寇。张居正、戚继光称赞大刀、铜铃是可以镇住倭寇的杀手锏。经过多次战斗胜利，沿海倭患渐渐平息下来。

身处腐败官场，吕调阳始终保持一身正气，"门无私谒"，真正做到了"律吕调阳"。他身居高位，但从不居功自傲，也不愿意听谄媚之言。万历六年（1578）秋，他因肺病和足痿日甚而连上十疏，终得皇帝准允致仕还乡。在其辞职归乡时，万历皇帝亲赐书"枢机克慎，同心夹辅"八个大字，充分肯定其辅佐之功。

● 明张居正《吕调阳墓志铭》

万历八年（1580）元日吕调阳病逝于家，赠太保，谥"文简"，葬于桂林北郊蒋家岭。吕调阳与张居正合编有《帝鉴图说》一书，在家乡留有《佛塔寺碑》《全州建库楼记》《勘定古田序》《奉国中尉约𪭢墓志铭》等碑。

吕调阳去世后，张居正亲自为吕调阳撰写墓志铭，给予他极高评价，将他比作汉代的丙吉（西汉丞相，宽厚而不矜功），称赞他"公质行多长厚，余独心服。其在政府，断断乎有古大臣之风"，充分表达了对吕调阳协助自己稳定内阁、推进改革事业的高度肯定。除此之外，吕调阳在子女教育方面也卓有成效，长子吕兴周是万历五年（1577）进士，次子吕兴齐、长孙吕嗣简、次孙吕嗣哲都是举人，吕氏家族也因此成为著名的科举世家和衣冠礼乐之家。

"天下廉吏第一"在广西
——罗城《于公旧治》摩崖

公元1758年农历九月的一天,秋阳和煦、秋意盈盈,位于罗城城外主干道上的一幅巨大石壁前围满了身着各式服饰的人,以致道路都为之壅塞,但却无人发出催促的声音。大家都屏息凝神,目不转睛地注视着石壁上缒绳而下的工匠以及他们即将完成的那幅巨作。人群中没有一丝声响,只有石壁上不时传来的斧凿之声,叮叮……当当……

此时,一位身着六品官服的中年男子也正神情肃穆地立在人群之中,他姓金名岳,字建东,镶白旗汉军人,此前在平乐府任通判兼灵川知县,今年刚刚调任龙胜通判兼罗城知县。身为父母官的他对于自己主抓的这项工程丝毫不敢松懈,甚至手心都已经攥出了汗水。因为石壁上的这幅作品于他意味着很多,不仅是他对少时偶像的纪念,还是自己为官施政所立下的铮铮誓言。

倏忽,一阵欢呼声传来,先前在石壁上游走的工匠已然安全下降到了地面,石壁上的遮挡物也已完全消失,一幅遒劲有力的石刻书法作品霎时间映入人们的眼帘。

● 清罗城《于公旧治》摩崖

"于公旧治",当这四个大字出现在人们眼前的时候,人群中先是一阵欣喜的骚动,之后则是一片沉寂,而在静寂中隐约还可以听到一阵阵隐忍的啜泣。"于公"的时代是清代罗城由乱到治、由弱到强、由衰转盛的起点,虽已过去近百年,但对罗城的民众而言,于公和他的事迹依然留在他们的心中,如同巍峨的九万大山一般。

"于公",于成龙,字北溟,山西永宁人。于成龙出身书香门第,明季中式取得功名,为副榜贡生。清顺治十八年(1661)他入仕为官,历任罗城知县、黄州府同知,官至两江总督。他一生正直洁清、政声卓著,曾三评"卓异",康熙誉其为"天下廉吏第一"。他死后钦赐祭葬,并赐谥号"清端",雍正时入祀贤良祠。

于成龙仕途起于罗城,赴任之初,年已四十五岁,友人以"粤西非吉祥之地"力劝勿往,但其秉持"读书一场,曾知见利勿趋、见害勿避,古人义不辞难之说"之志,力排众议坚持赴任。途中,于湖南冷水滩染疴,到任时仍未获痊愈,九死一生。

及到任,他才发现罗城城市凋敝,仅有居民六家,于是只能寄身于关帝庙中,躺卧于周仓像背后。衙署更是简陋异常,无大门无仪门,只有中堂草屋三间,内宅茅屋三间,而四周都没有墙壁,到处都是杂草,一如荒郊野岭。

虽万般艰苦,但于成龙为民兴利除害之心却始终如一。他在任上招抚流民,垦田开荒;申明保甲,缉盗安民;请宽徭役,与民生息;力陈盐弊,革除乱政;兴建学宫,教化乡民;修葺城隍,保境安民;创设养济院,扶助贫弱……于成龙在罗城的六年,是罗城大治大兴的六年,以致广西巡抚力排众议,以考绩"卓异"力荐升迁。于成龙在罗城声名鹊起,从此仕途畅达。

如今,在后人汇编的《于清端公政书》中,依然保存有于成龙在任罗城期间的几篇优秀政书,在《柳州府志》《罗城县志》等地方志书中也有相关的记载。

近百年之后,金岳赴任罗城,或许是同为北方文人,千里迢迢,心有戚戚;或许因少时仰慕于成龙,抱持相同的为政理念,感之、佩之,故继踵之。金岳先前在灵川知县任上"矢慎矢勤",

不仅执纪严明，还精明善察，曾密查县属窃匪姓名，并详细登记造册，使得任内结案率显著提高。在他被调离之后，继任者还以此为据缉盗捕贼，甚至可以做到"百不失一"。到罗城之任后，金岳学习于成龙的治乱之法，"一切盗安民皆仿而行之，数月之间稍有成效"。

各种缘由之下，金岳对于成龙可谓推崇备至，他不仅在于成龙赴任的古道上刻下了既念先贤又明己志的"于公旧治"，还在罗城的凤凰山麓修建了专祀于成龙的于公祠，春秋祭祀。另外，更是亲自编撰了《于清端公政书辑》的专书，供有志于效法于成龙的人学习。

罗城的两位父母官，崇拜者与先贤，以石刻演绎了一场跨越百年时空的对话。今人视之，既可见先贤的伟岸卓然，又可见后继者的矢志不渝和拳拳之心。

威灵感应　护国庇民
——《班夫人略历碑》《班夫人古墓碑》

夕阳西斜，田地里劳作了一天的人们，早已拖着疲惫的身躯踏上了回家的归途。然而，此时凭祥的白马山前，却有一群人正驻足停留，目不转睛地欣赏着一幅绝美图景。只见眼前早先还平平无奇的崖壁之上，于夕阳余晖之中升腾起一匹浑身洒满了金光的白马，它随着光影变幻，时而仰天长嘶，时而欲奔腾而起，时而要跃壁而出，令人震撼非常。慢慢地人群中开始有人禁不住发出赞叹声，而有人则已开始呼朋引伴、吟诗作赋了。

夕阳之下的白马山甚为壮观，是史籍记载中的广西凭祥八景之一——"白马斜阳"。白马山上的白马其实是一块形似骏马的白色石头，但民间传说其是一位于国有功之人幻化而成的。那些在白马山前驻足的人，其实也并非只是单纯来此欣赏美景，他们更多的是扶老携幼，专程于白马山脚下一座古坟前省墓祭祀、许愿祈福的。

白马山脚下的古坟建于清道光年间，墓主正是白马传说中的于国有功之人。曾经，这座古墓规制严整，陈设完备，墓前立有

清《班夫人古墓碑》

华表，五供俱备，左、右、后三面则依次环立数十通颂扬诗碑。现在这座古墓则仅存墓碑及坟冢，另有数幅碑刻拓片藏于广西壮族自治区博物馆。

古墓现存墓碑长141厘米，宽72厘米，边框饰云龙纹，正中书"皇汉敕封太尉威灵感应护国庇民班氏夫人古墓"20个大字；左右则环绕小字楷书。

从碑文可知，此碑为凭祥土州世袭知州李光垂所立，坟墓的主人为东汉时期凭祥当地人班氏，她曾为伏波将军马援南征交趾捐粮助军，作出重要贡献。有关班夫人的具体情况，原在墓前另有一碑，为《班夫人略历碑》，所记更为详细，可惜原碑已失，现存拓片于广西壮族自治区博物馆。拓片长90厘米，宽50厘米，楷书。此碑所录内容与嘉庆八年（1803）《龙州纪略·仙释》中有关班夫人的内容几无差别。

班夫人不见于正史记载，有关她的记载最早出现在方志之中。明万历《太平府志》为首见，雍正和嘉庆版《广西通志》均沿录无异。嘉庆八年《龙州纪略》始有不同记载，分为两条，一条收录了明崇祯十六年（1643）《重建班夫人庙碑记》，另一条则载于《仙释》。《龙州纪略》所记内容更为翔实，且所录班夫人助力马援的方式与前几本不同，并非助兵而是助粮。此后光绪年间编纂的《凭祥土州乡土志》中又有《班太尉夫人考》一文，内容与《龙州纪略》所录内容相差无几。

对比不同记载可知，班夫人名靓，相传为东汉时期凭祥班乡人（今凭祥市柳班村人）。其时，当地有未婚女子自储粮食作为

威灵感应　护国庇民

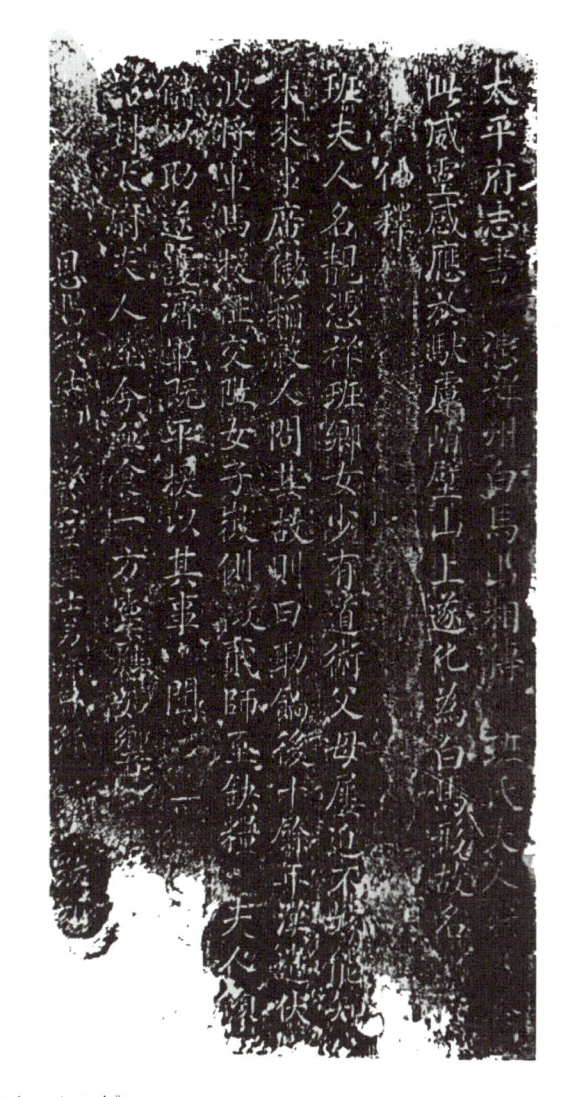

● 清《班夫人略历碑》

出嫁嫁妆的习俗，俗称"姑娘谷"。班夫人未婚，积谷甚多，后于东汉伏波将军马援南征交趾粮草匮乏之时，毅然将自己积攒的"姑娘谷"全数捐献给汉军，解决了马援的燃眉之急，帮助汉军取得了最终的胜利，实现了边疆安定、国家统一，有功于国家。

班夫人的故事传说发生在东汉，但其故事及信仰的生成、流传却是在明末才开始。明清以降，班夫人信仰在左江流域广为传播，特别是在土司管辖区域。据统计，明清时期崇善县有班夫人庙7座，龙州有2座，新宁州有1座，凭祥厅有1座；江州土州、下龙司、南宁府也各有班夫人庙1座。

一位传说中的东汉奇女子，明清以来成为左江流域民众信仰的重要神灵之一，无论其人其事之真假，其背后所反映的内容都是极为深刻和重要的。一方面，班夫人墓及其信仰反映的是左江流域普通民众对于为维护国家统一、边境安宁作出重要贡献之人的推崇与景仰；另一方面，班夫人信仰的流播也与明清之时左江流域如火如荼的"改土归流"政策密切相关，反映了"改土归流"进程中土官对于中央政权的认同与国家意识的强化。凭祥土州世袭知州李光垂，于清道光九年（1829）兴修班夫人墓，其在墓志中写道："况信官世守南关，夙荷神庇，禄位绵长，世受其德，饮水思源，无可享报，聊为废坠举兴之一念耳。"从其言语来看，表面上表示修墓是对班夫人神护庇佑的回报，实质上却隐含着对中央政府的感念以及对效忠朝廷的誓言，是信仰，更是一种政治表态。

抗法名将苏元春与大连城
——凭祥白玉洞《一大垒城》《苏公奉旨援越抗法督边记》石刻

白玉洞因洞内石质晶莹璀璨如白玉而得名。其地位于今凭祥市城区东北 1.5 公里处，洞内石柱错落，景色旖旎，为凭祥古八景之一。近代以来白玉洞之名走出凭祥，蜚声海内外，却非天地造化自然之功，而与一位清末护边抗法名将密切相关。

其人姓苏，名元春，字子熙，广西永安（今蒙山）人，团练出身。为报父仇，他于同治二年（1863）入湘军席宝田部，在江西、安徽等地同太平军作战，因战功擢参将；后率部入贵州镇压苗民起义，晋总兵、提督衔。光绪十年（1884），法人侵越，因潘鼎新举荐，苏元春署广西提督，主广西军事，于陆岸、纸作社、镇南关等地屡克法军，战功卓著。

1885 年，中法战争结束，苏元春因功实授广西提督，晋三等轻车都尉，又改额尔德蒙额勇号，帮办广西关外军务。其时，为提防法军对广西边境的不断窥探与觊觎，加强桂越边地防御，苏元春果断将广西提督衙门从柳州迁到龙州，靠前指挥。同时，苏元春重修镇南关，新建龙州城之边关重镇，并在两城之间筹划新的指挥中心，以统御两镇边军，兼顾绵长的防卫线。

在经过细致的实地勘验之后，苏元春最终将地址选择在了白玉洞所在的崇山峻岭间。苏元春于此地依托山形地貌，巧妙地在山川环绕的中心地设城屯兵，其曾写诗夸言"此地（可）潜藏百万兵"。城内部构筑提督衙门、官兵馆舍、练兵场、演武厅、弹药库、修械厂、戏台、武圣宫、财神庙、庆祝庙、社王庙、轩亭、水井等，并在入口处设置东南西三道闸门满足防御之需。城之外围，则在周围山峦之上设置前后左右中五座炮台及碉楼等，控制通往越南的大路和小径。在丛山峻岭间，构筑砖石城墙两道，将各点相连，城墙之间宽约数尺，可通人员、辎重，以便相互之间联系，因此被称为"连城"，后为区别于龙州所建的防御工事，又被称为"大连城"。

大连城的修筑是苏元春边防军事思想的首次实践，其间为解决经费、人员严重不足等困难，苏元春付出了极大的努力和心血。在光绪庚寅年（1890）工程完工之时，他于白玉洞内亲自挥毫泼墨，手书"一大垒城"榜书并亲记题写缘由，字迹潇洒飘逸，力透纸背，词句直抒胸臆。

白玉洞位于山腰之上，成为大连城的一部分，苏元春根据自身需要对其进行了大规模的整修，不仅满足了军事之需，同时也为这些整日于战场厮杀的将士们提供了一个难得的放松之地，是他们的心灵休憩之所。

抗法名将苏元春与大连城

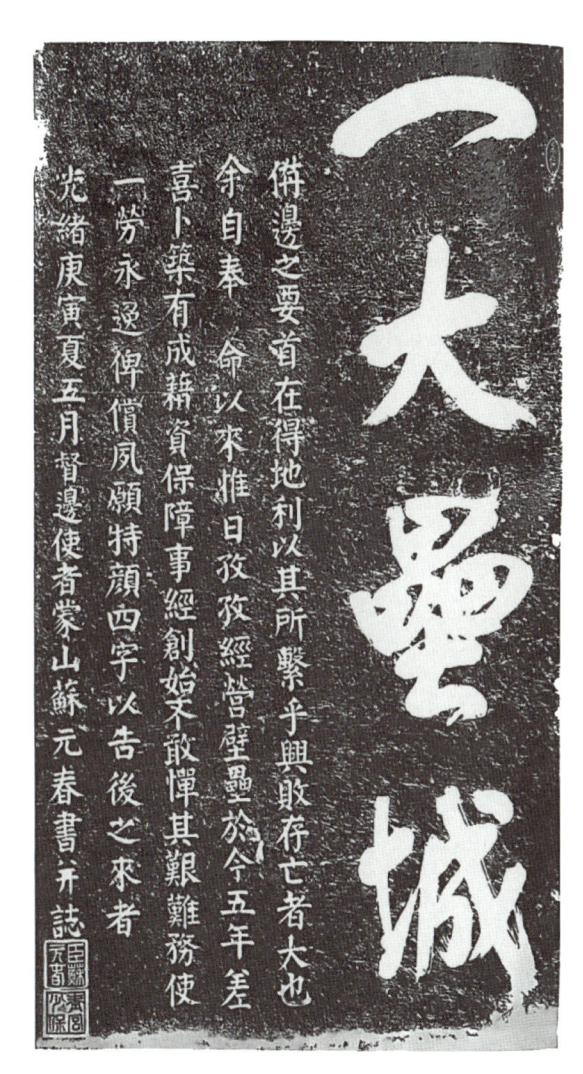

清《一大垒城》

備邊之要首在得地利以其所繫乎興敗存亡者大也余自奉命以來推日孜孜經營壁壘於今五年差喜卜築有成藉資保障事經創始未敢憚其艱難務使一勞永逸俾償夙願特顏四字以告後之來者

光緒庚寅夏五月督邊使者蒙山蘇元春書并誌

清《苏公奉旨援越抗法督边记》

建成之后的白玉洞，于洞外平台可居高临下俯瞰大连城内部，察看官兵操练情况，掌握军营实情，是苏元春指挥中枢之所在。洞内分为三层，空间充盈，不仅可以资政议事、讨论军情，还可屯兵千人，储备给养，是战备要地。白玉洞属岩溶洞穴，夏季凉爽宜人，是避暑纳凉、静心凝神之佳地。军情和缓之时，苏元春或独自于此地"养心"，或与同僚于此"宴游"。

光绪十五年（1889）分统毅新前路各营补用游击关骏杰于白玉洞中留下的一幅石刻就为我们展现了苏元春与将属一同宴游之事，从身边人的视角回忆了苏元春自光绪甲申年（1884）援越作战以来，于桂越边地抗法、戍边、设防、安境所建立的丰功伟绩，为其实现了"边宇乂安，强邻帖服，生灵亿万，烽火无惊"的安定局面而骄傲。

两幅现存于凭祥白玉洞中的石刻，是中法战争后大连城要塞修建的历史见证，充分体现了清末御边能臣苏元春卓越的边防建设理念和强大的守边固边能力；同时还是清末那些与苏元春一样在国家危亡之际，为抵御外侮挺身而出、奋勇杀敌、实边护边、爱国戍边的将士们的精神丰碑。

"勇毅宫保"冯子材
——《上谕优恤冯子材原文刻》

  清光绪二十九年（1903）七月二十七日，于酷暑中，曾声振寰宇、享誉海内外的一代抗法名将冯子材于南宁防营病故。去世前，按照清廷三品以上官员都要呈递遗折与皇帝诀别的惯例，由冯子材口授，前文案兼营务处郭炳光执笔，广西左江道余诚格修饰润色的遗折，拟定之后由署理两广总督岑春煊代为呈递。遗折现存于中国第一历史档案馆，冯子材在其中深情地回顾了自己的戎马一生。

  冯子材（1818—1903），字南干，号萃亭，一作翠亭，广东钦州（今属广西）沙尾村人。他早年参加刘八领导的天地会起义，后投清军，至南京、镇江与太平军作战，因功升至广西提督，于光绪八年（1882）退职。1884年，法军进犯滇桂边境，冯子材以广东高、雷、钦、廉四府团练督办参加抗战。次年二月，冯子材任广西关外军务帮办，率领王孝祺、王德榜、苏元春等部，在中越边境抗击法国侵略者。镇南关一役，年届七十的冯子材犹能奋不顾身，冲入敌阵肉搏，取得大捷。接着他又在谅山等地大败法军，后历任广西、云南、贵州提督等职。

遗折中，冯子材在仕宦生涯的回顾中深切地表达了对皇帝和朝廷恩遇相待的感激之情，最后向皇帝进言，给出了自己的一些资政建议，希望皇帝可以"择贤辅治，奋武自强"。此折于弥留之际写就，其作用，一为报丧，一为向皇帝请求优恤和封典。

遗折经两广总督岑春煊代为呈递。一个多月之后，光绪皇帝下谕优恤冯子材。上谕先转礼部，再由礼部转递两广总督岑春煊，后勒石转刻于冯公原籍，传诸后世。现原碑未见，有拓片收录于《中国西南地区历代石刻汇编》，名为《岑春煊谕恤冯子材原文刻》，考其内容，实为礼部抄录并转给岑春煊的上谕档，内容为朝廷优恤冯子材一事，《汇编》命名有误。

《汇编》收录之拓片，据记载长约90厘米，宽57厘米，四周皆刻有边框，上、左、右分别饰云龙纹，下方则饰海水江崖纹，碑文为正书。

碑文所录上谕，对冯子材的功绩给予了极大的肯定和认可，对他的离世表达了深切的哀悼，也给出了详细的优恤办法。按照提督军营病故例从优议恤，免除其生前的一切处分并赐予谥号，在冯子材原籍钦州和立功之地分别建立专门用于祭祀的祠堂［光绪三十四年（1908）四月十三日冯子材钦州专祠还被列入祀典］，由国史馆为其立传。对其子孙，朝廷也给予了优抚，其长孙一品荫生冯承祥着以郎中分部补用。

一方记录了清廷对冯子材死后优恤的石刻，从中不仅可见清

● 清《上谕优恤冯子材原文刻》。清光绪二十九年十二月十二日刻。石在广西钦州市。拓片高90厘米，宽57厘米。正书，岑春煊撰。拓片收录于《中国西南地区历代石刻汇编》，名为《岑春煊谕恤冯子材原文刻》，有误，应为《上谕优恤冯子材原文刻》。

廷对于"有功于国家社稷"的高官死后优抚的制度设计，还可钩沉史料，见冯公其人于国家、民族危难之际在镇南关抗法御侮所建立的伟大功勋。

抗法英雄、桂边第一将李应章
——凭祥友谊关《南陲保障》石刻

光绪十三年（1887）十二月二十三日，两广总督张之洞接到时任广西巡抚李秉衡发来的一通电文。

李秉衡在电文中，以非常悲伤的口吻向他的上司张之洞汇报，自己麾下一名得力干将李应章突因"瘴伤"亡故。这名将军清正廉洁、骁勇善战，很得人心，实为"桂边第一将"。李秉衡对此人极为欣赏，曾密奏朝廷举荐其人，并已得到皇帝的认可，交军机处存档，重用在即。怎奈天不假年，李应章于任上染瘴去世，其生前仗义疏财，死后不仅身无一文，还有欠账二千余金。虽然巡抚李秉衡已先送六百金用作其收敛归葬之用，但仍属杯水车薪。此电一为报丧，一为报请总督按例给予优恤。

光绪十四年（1888）正月初七，张之洞复电接任李秉衡的巡抚沈秉成和广西提督、边务督办苏元春，不仅认可了先前广西巡抚李秉衡对李应章的评价，称其"廉勇皆备"，"屡立战功"，还下令广东拨公款五百金抚恤家属，同时自掏百金以表心意。

之后，《清实录·德宗景皇帝实录》又记载，光绪十四年二月三日，清廷又对李应章照军营例优恤，赐祭一坛，推封三代，世袭六品顶戴。

李应章被时任广西巡抚誉为"桂边第一将"，死后又接连受巡抚、总督、朝廷三级优恤，可见其确实功勋卓著，于广西、于清廷贡献良多，影响巨大。

在官方电文之外，在广西凭祥市友谊关右辅山城墙中段还存有一方李应章撰写的摩崖石刻，更详细地记载了李应章的事迹。此石刻长334厘米，宽116厘米，共分为三个部分，中心为楷书"南陲保障"四个大字，笔力雄健、气势恢宏；右侧竖排十行，楷书，字迹工整，结构匀称。

此石刻是光绪丙戌年（1886）广西提督苏元春、巡抚李秉衡在清廷停战撤兵之后，主要为记录修筑镇南关之事而立。镇南关在中法战争中惨遭法军焚毁，战争刚一结束，在苏元春和李秉衡的主持下，清廷即排除万难，筹措大量白银，开始大规模重建工作，仅工料一项就花费白银3万两。清廷还征调了大量戍边官兵及从内地雇佣而来的工匠。重建之后的镇南关较中法战争前体量更大，建筑更加牢固，防御能力更强，之后其与龙州城、大小连城等共同构成了十分完备的中越边防体系，"南陲保障"固矣。

在石刻中，李应章的籍贯及其援越抗法的英雄事迹也有记载。李应章籍贯郁平，于1884年随苏元春援越抗法，先后在船头、镇南关前大败敌军，在抗法之中屡立战功，后又于镇南关带兵领将，扼守边关，固守疆土，保境安民。

● 清《南陲保障》

以李应章籍贯"郁平"为线索，查《贵县志》可知，李应章字文斋，贵县（今贵港）城区东里人。在参加抗法战争之前，其先于贵州参军，因克都匀寨之军功获六品顶戴，于云南因克复馆驿、调剿腾越晋升把总、守备，于广东因收复者岩擢升游击。李应章后于抗法战争中，因防堵北宁营、观音桥，克镇南关，复文渊、谅山各城，屡获提升，官至副将并获强谦巴图鲁勇号。在几种不同文献的记载中，李应章这位抗法英雄、桂边第一将的高大形象跃然纸上。

2023年1月，国家文物局公布《第一批古代名碑名刻文物名录》，广西共有41通（方）文物为其一。清光绪十三年李应章撰《南陲保障》摩崖石刻入选。此碑不仅记录了"南陲保障"之人，还记录了"南陲保障"之事，甚为珍贵。

太平天国翼王石达开的诗
——《石达开等白龙洞唱和诗》石刻

宜州城北的会仙山又称北山,是清代宜州八景之首,而位于会仙山山腰之上的白龙洞则是其主要景观之一,因洞内"石龙蟠伏""鳞甲宛然"而得名。

宜州白龙洞是典型的喀斯特岩溶洞穴,洞内石笋石柱,形态各异,千姿百态,鬼斧神工;洞内道路蜿蜒绵长,宽窄多变,可通南山。洞外峭壁之上则镌刻有宋至民国历代文人骚客之诗文词句,琳琅满目,洋洋大观。其中太平天国翼王石达开与其僚属所刻之《石达开等白龙洞唱和诗》尤为著名,为国内惟一存世的太平天国时期诗作石刻。

石达开,字子祥,小名亚达,出生于今贵港市港北区奇石乡达开村那帮屯。他16岁成为拜上帝会骨干,20岁参加金田起义,足智多谋,能征善战,1851年于永安被封为"翼王",成为太平天国早期五王之一。之后,石达开随太平军南征北战,屡破敌营,战功卓著,声名显赫,左宗棠曾称其矫勇凶悍,颇得人心,为太平天国诸将之上。

1856年，太平天国爆发了严重的政治内乱，史称"天京事变"，其间东王杨秀清、北王韦昌辉先后被诛，太平天国实力大减，面临严重的政治危机。此时，身处事外的翼王石达开被洪秀全委以重任，回京任职辅佐朝政，意图重振"天威"。但好景不长，洪秀全与石达开互相猜忌、貌合神离，导致石达开以"五言告示"昭告天下并领兵二十万负气出走。

石达开出走之后接连辗转数省，两年后，因战局不利退回广西，于9月攻克庆远，并常驻此地8个月之久。1860年季春，石达开在政务闲暇之时，带领臣属登临宜州会仙山游览并在白龙洞外唱和留题，在太平天国史上留下了浓墨重彩的一笔。

在诗刻题记中，石达开言其于白龙洞外看到楚南人刘青云所作诗句，有感其有"斥佛息邪之概"，与自己和太平天国所秉持的理念颇合，于是写出了旷世名句，如其中"毁佛崇天帝"即捣毁神佛，只崇一神。石达开在庆远驻军期间，行事确实如此，凡太平军所到之处，寺庙、道观悉数被毁，庙产归公。有学者指出，石达开"毁佛崇天帝"之原因有二：一是太平天国的政治信仰使然；二是在清廷实行坚壁清野策略和团练袭扰的大环境下，十万大军筹饷困难的现实所致。诗中"剑气冲星斗，文光射日虹"两句，意境高远，雄浑开阔，气势磅礴，有气吞霄汉之感，反映了石达开的豪迈心境和高远的志向，遂成为经典名句。

● 清《石达开等白龙洞唱和诗》。清咸丰十年（1860）刻。石在广西河池市宜州区白龙洞。拓片长119厘米，宽150厘米。正书，石达开、萧寿瑸等撰。

石壁之上除石达开的诗句外，还有其臣属的唱和诗文，唱和之人分别为元宰张遂谋、地台右宰辅石蔡亲、户部大中丞萧寿瑸、礼部大中丞周竹岐、兵部大中丞李遇隆、吏部尚书孔之昭、礼部尚书陈宝森、户部尚书李岚谷、工部大中丞李玉衡、精忠大柱国朱衣点。

随翼王唱和众人，虽所作诗句各异，但因是命题作文，内容几乎相差无几：一是描绘山间美景；二是叙述出行缘由，称颂翼王；三是因应"毁佛崇天帝"；四是发宏愿、壮雄心。君臣一唱一和，众人诗句所呈现的内容似乎反映了当时石达开与唱和众人和睦，臣随君兴，一片祥和的政治氛围，但这仅仅是诗词唱和的文字游戏而已，只是貌合神离的应景之作。

没过多久，还未出广西，石刻上的唱和众人或因政见不一，或因个人私怨，10人中有9人先后离翼王而去，石达开遭遇了众叛亲离的境地，只有户部大中丞萧寿璜不离不弃，忠君护主，与石达开生死相依，坚持到了最后。1863年，只剩残兵余勇的石达开于大渡河畔战败投降，后被清廷处死，时年33岁。

《石达开等白龙洞唱和诗》石刻是石达开留下的不多的诗词作品，从中我们不仅可见石达开的文采，还可见当时石达开回转广西之后的施政策略、革命理想及英雄抱负，这深深地影响着后来之人。1905年，同盟会成员张鱼书受指派到庆远筹划革命事宜，偕友人游览白龙洞之时，看到石达开等人的唱和诗石刻，颇受触动，有感而发，遂作诗一首并题刻于旁，诗曰："怒气满天冲，头颅掷半空。同胞溅血雨，民贼长蛮风。革命灵应显，吞胡志愈雄。壁留千古恨，余怨隐长虹。"

石达开从小家庭殷实，习文弄武皆有所成，李秀成曾称其"家富读书，文武备足"。距白龙洞不远的会仙山下建有纪念客死宜州的宋代大文豪黄庭坚的山谷祠，不知钟情于诗词的翼王是否曾入内谒见呢？引人遐思。

一代名儒蒋励常
——《蒋岳麓墓志铭》

广西壮族自治区博物馆珍藏有一方清代墓志，墓志由两部分组成，一为盖，一为志。其中墓盖为篆书，竖排6行，共29字，内容为"皇清敕授修职郎、融县训导，敕封文林郎、例赠奉政大夫岳麓蒋公墓志铭"，撰者为清末官至内阁学士兼礼部侍郎的著名画家戴熙，书法行云流水、古朴典雅。

墓志则为楷书，竖排39行，由清末进士，曾任江西巡抚、陕西全省督办团练大臣的张芾书丹，字体端庄，结构严谨，形神兼备。墓志内容主要为墓主蒋岳麓世系、生平、生卒年月、籍贯和事迹等，由"三元及第"的广西临桂人陈继昌撰写，内容醇厚、文辞雅洁。

该墓志与道光中后期桐城派领袖梅曾亮于道光二十四年（1844）所撰《蒋岳麓先生家传》，以及蒋岳麓儿子蒋启黴、蒋启敩所撰之《（府君）行述》相互比照，可以深度还原蒋岳麓一生的经历。

● 清《蒋岳麓墓志铭》。清道光十九年（1839）刻。石原在广西全州县龙水乡，现藏广西壮族自治区博物馆。拓片长70厘米，宽80厘米。

蒋岳麓，名励常，字道之，号岳麓，今广西桂林市全州县龙水镇龙水村人。蒋励常生于诗礼之家、书香门第，曾祖父、祖父和父亲都曾为举人，做过知县以上官员。蒋岳麓自幼聪慧过人，四岁即入私塾，且胆识超群，五岁时为解大母思蔗之苦，独自前往数里之外，携蔗归而孝亲。

乾隆三十五年（1770），蒋励常随父入川赴任；三十七年（1772），因大小金川战事，协助父亲料理军需补给，事必躬亲，身先士卒。他乐善好义，施仁布德，谋略得当，屡有成效，为民所敬，为当局所赏识。有"大吏"曾对蒋励常的父亲说："以子才参吾军事，五品官可立致也。"

乾隆五十一年（1786），蒋励常参加乡试中举，为副榜第一，但并未任官。居乡期间，他急公好义，乐善好施，有一年全州大旱，稻谷无收，蒋励常自己贷款买入大量麦种，于是年秋雨之时无偿分给乡人种植，以解民忧、纾民困。第二年，当地又遇洪灾，灾民因饥饿难耐而剽掠州城，时任知州意欲派兵镇压，励常又挺身而出，说服州官开仓赈济，并亲往灾民处劝说，成功避免了一场官民相残的悲剧。

嘉庆六年（1801），蒋励常获大挑二等，任职融县训导，时年已五十一岁。他于任上革除弊病、整肃风气，使融县学风为之一振。受其影响，多人科考中第。他两袖清风，清正廉洁，对于因诉讼之事而贿赂他的士子，不徇私情，秉公执纪，严惩不贷，因政声卓著而入《清史列传·循吏传》。

在融县为官六载后，蒋励常因不满官场污浊，毅然辞官回乡，任职全州清湘书院。整整十年，他以身作则，言传身教，静心著书，潜心育人，不仅为全州培养了大量的文人儒士，为当地民众所推崇感佩，同时也留下了诸多著述，为后世所敬仰。其辑录有《养正编》一卷，通过历史人物故事讲述孝亲、敬长、慎言、谨行、亲仁、学文之为人为学理念，后成为蒙学课本，是清代后期儿童启蒙的重要书籍之一。除此之外，蒋氏后人还裒辑蒋励常生前著述，编为《岳麓文集》八卷、《十室遗语》十二卷、《类藻引注》四卷。

蒋励常为学涉猎广泛，于理学、文史、兵法、医卜皆造诣深厚。其为文一如其为人，极为推崇孟子、韩愈、苏辙，文章不重词藻而崇义理，讲求先醇后肆，发潜阐幽，无微不至，深受时人推崇。

蒋励常也极为重视家风家教，在给其次子蒋启敫的家书中，曾告诫他："汝既入仕途，但有可自树立，亦不负读书一生。独是宦场难处，宜进宜退，务善自斟酌，求无愧于出处之节而已。……首剧难任，为事多也，多则事事愈宜小心。汝今所作，总求无负于国，有益于民，不愧于天，不怍于人，便不是空向宝山一走。此外唯居易以俟命，一切穷通得失，举不足计也。"

"无负于国，有益于民，不愧于天，不怍于人"，正是在类似这样为官、为学、为人的谆谆教导之下，蒋励常三子皆中举人。其中次子蒋启敫于道光二年（1822）中进士，后官至河道总督；其孙蒋琦淳为道光二十年（1840）进士，官至顺天府尹。龙水蒋氏一门在蒋励常的努力之下已然成为名门望族。

道光十八年（1838），蒋励常仙逝，时年八十八岁。蒋岳麓墓志为道光十九年（1839）所作并留存至今，其既记述了一代名儒蒋岳麓行状，又折射出蒋氏一门在道光年间的交游网络。墓志内容的撰写者陈继昌在墓志中详述了其写作缘由，他与蒋岳麓次子蒋启敩曾同在江西任职，后因病返乡之时受其所托撰写墓志，此乃出于同僚兼同乡之谊。而戴熙、张芾则为当时书画名家，他们为蒋岳麓挥毫书丹则是因与蒋岳麓之孙蒋琦淳曾同在道光二十年后任职于翰林院，交往深厚，因同僚之谊为其祖父而作。

民不能忘的广西按察使
——《广西阖省士民为秦焕立德政碑》

位于桂林市区东北部的叠彩山，集自然与人文景观于一体，是桂林市区绝佳的登高赏景地之一。在风景秀丽的叠彩山上有一座名为"叠彩亭"的四角亭，为叠彩山主要景点之一，为时任桂林知府的秦焕于清光绪年间所建。此亭后于1958年重修，但仍留有秦焕所撰对联一副，内容为："风景大文章，流水潭烟空万象；洞天古图画，诗人名士共千秋。"对联对仗工整，文辞优美，气象宏大，将叠彩山自然人文特色总结得十分贴切到位，从中可见秦焕之卓异文才。

秦焕（1813—1892），字文伯，江苏山阳（今淮安）人，咸丰十年（1860）进士，光绪六年（1880）始来桂任职桂林知府，后官至广西按察使。历史上，在叠彩山与秦焕相关的亭子还不止这一座，还有一座虽今已不存，但对于秦焕、对于桂林百姓而言却更加重要。该亭建于清光绪十六年（1890），名为"望来亭"，亭中原有石碑一块，为《广西阖省士民为秦焕立德政碑》。此碑今已不存，惟拓片藏于广西壮族自治区博物馆。

- 清《广西阖省士民为秦焕立德政碑》。清光绪十六年闰二月刻。石原在广西桂林市风洞山。拓片长130厘米，宽75厘米。正书，广西省绅士商民立。

碑刻拓片长130厘米，宽75厘米。楷书。碑额上书四个大字"民不能忘"，下则接竖排小字。

此碑刻立于秦焕即将离任广西、赴京觐见之时，是广西民众对秦焕在桂任职期间卓越政绩的认可，表达了民众对为民好官的依依不舍之情。

"民之所忧，我必念之；民之所盼，我必行之"，秦焕在广西任职期间始终坚持这一为政理念。光绪六年，秦焕甫一上任，即兴文教、革陋习、振学风，"一时登高第者咸出门下"。临桂县因清查粮赋激起民变，民众哄闹粮局，抢走官印并扎寨顽抗，朝廷威严受损，脸面无光，意欲派兵强行镇压。身为父母官，秦焕设身处地为人民着想，力劝退兵，并只身一人亲往兵阵，动之以情、晓之以理，最终和平解决了此次危机，赢得了上上下下的认可和信任。

光绪八年（1882），秦焕调任梧州知府，适法人欲来梧建教堂以传教，民众抵触情绪高涨，冲突一触即发。千钧一发之际，秦焕巧使妙计，使法人自退，民众钦服。后法人侵越，梧州作为水路交通要道，清军粮饷军械大量过境运输，所需舟船缆夫费用繁多，秦焕皆通过捐献养廉银的方式予以填补，不给当地民众增添负担。

光绪十年（1884），秦焕复任桂林知府，光绪十一年（1885）、十二年（1886）桂林连续遭遇洪灾，饿殍遍野，秦焕不仅积极上奏朝廷请求蠲免粮赋、自捐俸禄收埋骸骨，还积极联系外运粮食以解燃眉之急。其间，他以人民为上，当机立断、勇敢果决，打破了从广东购米，本省收取高额厘税的旧规，对入境救灾的粮食实行免税；同时力排众议，坚持水陆两运的原则，使得救灾粮食快速发放到民众手中，救活灾民无数。

光绪十四年（1888），秦焕升任盐法道，十五年（1889）升任按察使，督理通省发审案件，因秉公执法，被巡抚倪文蔚、李秉衡、沈秉成举荐为"循吏第一"。光绪十六年（1890）秦焕奉旨进京觐见，半途遇伤，乞归原籍。光绪十七年（1891），秦焕卒于籍。光绪二十四年（1898），朝廷从广西巡抚黄槐森之请，宣付史馆为秦焕立传。

秦焕以能吏、循吏名于世，其在为文方面亦颇有建树，诗词文章俱佳，著有《剑虹居文集》《剑虹居诗集》《剑虹居制艺》《时文感旧集》等，皆为世人所重。

在广西，与秦焕有关的石刻文献除《广西阖省士民为秦焕立德政碑》外，还有其在桂林知府任上于清光绪六年为灵川县学宫所作之《重修学宫记》，碑今已不存，碑文收入《灵川县志》；清光绪十年为广西平乐府永安州知州吴江撰写的墓志一通，碑文收入《蒙山县志》；清光绪十一年为桂林江南会馆（福堂街）所撰的《增修江南会馆序》；等等。

● 清秦焕《增修江南会馆序》。清光绪十一年孟春刻。拓片长160厘米，宽90厘米。正书，秦焕撰。

铁肩担当写春秋
——《开国元勋蒋翊武先生就义处》纪念碑

1921年孙中山到桂林督师北伐，亲自到蒋翊武就义处凭吊，下令在桂湖之畔为蒋翊武修建一座纪念碑，并亲笔题写了"开国元勋蒋翊武先生就义处"，刻在碑的正面。同时，孙中山嘱咐胡汉民撰写蒋翊武事迹，刻在碑的两侧及背面，以纪念这位民主革命的先驱。此碑于1965年经国务院批准，列为"国家重点文物保护单位"。

孙中山称蒋翊武是"开国元勋"，胡汉民在碑文中称蒋翊武"笃志革命，辛亥武昌发难，以公功为冠"，封号和碑文的字里行间，饱含着孙中山和胡汉民对蒋翊武无尽的缅怀和痛惜之情。

蒋翊武（1884—1913），湖南澧州（今澧县）人，初名保勷，字伯夔，近现代杰出的民族民主革命活动家，辛亥武昌首义的主要组织者、领导者。蒋翊武少时勤奋好学，天资聪颖，"为人豪爽，洒脱不拘，关心国事，抱负非凡"。1901年，蒋翊武以优异的成绩进入澧州官立高等小学堂学习；1903年，进入常德西路师范学校学习。少年蒋翊武广泛搜集革命书报，了解国内外发展趋

開國元勳蔣翊武先生就義處

孫文敬題

蔣公翊武澧縣人篤志革命辛亥武昌發難以公功為冠以武昌防禦使守危城郡強敵事定即引去當道廉以官爵不受癸丑討袁將有事於桂三全州為賊將所得賊酋阿袁氏旨遂戕公於桂林麗澤門外今年冬大總統督師桂林念公勳烈特為公立碑而命漢民書公事略以詔來者公之死事與瞿張二公不同而其成仁取義之志則一也

中華民國十年十二月　　胡漢民謹記

● 民國《開國元勳蔣翊武先生就義處》紀念碑拓片

势，思考各种社会、政治思潮，积极投身学运和青年革命活动。他曾断言，中国欲图自强，首当倾覆清廷，建设新政府。1904年，黄兴策划长沙起义，蒋翊武积极参与谋划，并与刘复基、梅景鸿等一道加入华兴会，配合副会长宋教仁在常德联系学界、会党、巡防营士兵等，集结力量，以谋响应。后事泄失败，他被学校开除学籍。1906年，蒋翊武加入同盟会，认为"欲实行革命，当以联络军队为要着"。

1909年，蒋翊武加入湖北新军反清团体"群治学社"，跻身湖北革命运动。1911年春，由"群治学社"改组的"振武学社"改名为"文学社"，蒋翊武被推举为社长。文学社是"当时思想最先进的组织"，聚集优秀青年共同探寻救国之道。蒋翊武在新军中积极发展会员，策反新军，"今言革命者，欲借权清廷，莫如投身军界，联络士兵"。文学社继承"群治学社"各项秘密工作规则，坚持以发展新军士兵为主的工作方针。至1911年五六月间，武汉的新军兵额达1.5万人，文学社成员有3000多名。蒋翊武传播孙中山革命思想，点燃了新军战士火热的青春，使新军成为辛亥革命的主要力量。

1911年夏，蒋翊武积极促成文学社与由孙武、张振武、刘公等人领导的"共进会"革命组织联合，计划以湖北革命党人的名义在武汉举行起义，并被推举为武装起义军事行动的总指挥。起义前夕，1911年10月9日中午，时任起义总参谋长的孙武在汉口装配炸弹失事，起义计划暴露，武汉军警大肆搜捕革命党人，形势十分危急。蒋翊武与刘复基等人紧急商议后决定于当晚依原令

● 民国《开国元勋蒋翊武先生就义处》纪念碑

以南湖炮队鸣炮为号，举行武装起义，以"争死生于须臾"；又分别于十日上午九点半、十一点和下午六点发出五道命令。傍晚，清军闭城大索，革命新军人人自危。

10月10日晚8时许，新军工程营第八营打响第一枪。经一夜激战，湖广总督瑞澂挖墙逃走，革命军一举占领武昌城。此时蒋翊武虽然不在城内，但起义基本上是按照他设计的方案实施的。武昌起义后，蒋翊武赶回武昌，加入了湖北军政府。他积极襄助莅临武汉指挥的民军总司令黄兴。汉阳失守后，蒋翊武临危受命，任战时总司令部监军，坐镇指挥，在武昌保卫战中"却强敌，守危城"，牵制了北洋军阀的精锐兵力，有力地支持了其他地区的革命斗争，为稳定武昌发挥了重要作用。

中华民国成立后，蒋翊武不以"首义功臣"自居，创办《民心报》，监督政治、关注民生。袁世凯窃取革命果实后，他对袁非常不满，拒不接受袁所封的官职（陆军中将加上将军衔），洁身引退。袁世凯欲复辟称帝，他坚决反对，并参加反袁活动。1913年，宋教仁在上海火车站遇刺后，蒋翊武义愤填膺，奋起抗袁，首倡"二次革命"，出任中华民国鄂豫招抚使，负责组织讨袁军队。8月6日，蒋翊武被袁世凯通缉，与革命党人从长沙转道广西逃往香港，不幸在全州黄沙河被桂军旅长秦步衢部逮捕。9月1日，蒋翊武被押到桂林。狱中，蒋翊武坚持斗争，历数袁世凯罪恶。

临刑前夕，蒋曾索纸笔写遗书数封给其父母，并写绝命诗四首，全诗如下：

当年豪气今何在？如此江山怒难平。
嗟我寂冤终无了，空留弩箭作寒鸣。

只知离乱逢真友，谁识他乡是故乡。
从此情丝牵未断，忍余红泪对残阳。

痛我当年何昧昧，只知相友不相知。
而今相识有如此，满载仁声长相思。

斩断尘根感晚秋，中原无主倍增愁。
是谁支得江山住？只有余哀逐水流。

"壮志未酬身先死，长使英雄泪满巾"。蒋翊武生命即将结束了，却仍心忧天下，想着革命尚未成功，敌人仍在猖狂。他始终念念不忘革命事业，对祖国的前途无限忧虑，希望有人能保住江山，莫让革命果实付诸东流。